占い師入門

高橋 桐矢

雷鳥社

はじめに

この本を手に取ったあなたは、きっとかなりの占い好きですね。

占いサイトをいくつもお気に入りに登録していて、タロットカードや占いの本を持っていて、自分で占ったり、お友達を占ってあげたりするのでしょうか。

同じく占い好き少女だったわたしは、占い師というのは霊能師の家系に生まれたり、特別に選ばれた人がなるものだと思っていました。

占い師は、特別な能力を持つ人のための、特別な職業なのでしょうか？

いいえ、そんなことはありません。

資格も免許もなく、誰でもなれる仕事です。

家系、学歴、経歴関係なし、資金も必要ありません。年齢性別も関係なく、学生さんからシルバー世代まで全年齢ＯＫ。地方でも海外でもどこでもできますし、事情があって家から出られない人でも、電話かインターネットがあれば可能です。

特別な才能だって必要ありません。

むしろコンプレックスがあって苦労してきた人ほど、よい占い師になれるのです。

自分自身の性格容姿に悩み、失恋、引きこもり、リストラ、離婚など人生のさまざまな苦難を経験するほど、深い悩みを抱えた相談者の気持ちに寄りそうことができるからです。

いちばん肝心な「霊感」は必要ないの？と思った方は、「第2章 霊感がないのに占い師になれるの？」をお読みくださいね。


二十年前、わたしが占い師になったばかりのころは、めったに同業者に会うことはありませんでした。けれど今は、インターネットが普及したこともあって、驚くほど占い師の数が増えました。おそらく当時の十倍以上に増えたでしょう。

でも、占い師になる方法は、今も、秘められています。

実際、「本物の占い師」がそれほど増えたかどうかは疑問です。

なかには素人同然の占い師や、あってはいけないことですが、詐欺まがいの悪徳占い師もいます。

占い師は、特別に選ばれた人のための仕事ではありません。

神秘的で特別な職業だと思われることで、一番得をするのは悪徳占い師です。

この本では、何の資格も才能もないわたしが、試行錯誤をくりかえして得た「占い師になるための方法」をすべて公開しています。

さらに職業占い師があえて口にしないことについても、包み隠さず語っています。

わたしは、占い業界では、どんな団体にも所属していません。ですから、どこにも利害関係がありません。占い師として有名になりたいという野望もありません。

無名占い師だから、何の遠慮もなく本当のことを言えるのです。

占い師になりたいとは思わないけれど、悪徳占い師にひっかかりたくない、占い師が認める「本物の占い師」について知りたい、という占い好きのあなたにも、満足していただけるはずです。

意外と普通で、でもやっぱり不思議な、「占い業界」へようこそ！

占い師入門

目次

占い師入門　目次

装丁：渡辺 楓

第1章　ある占い師の一日

元ＯＬ占い師の勤務時間・収入・やりがい

占い師の、とある一日

占い師は、どんな毎日を過ごしているのでしょうか？

マスコミが伝える有名占い師とは違う、もっと普通の女性占い師の一日をのぞいてみたいと思いませんか？

このストーリーは、複数の占い師の実体験をもとに再構成してあります。


【占い師、日野アヤ（仮名）二八歳の、とある一日】

日野アヤの一日は、目覚ましの鳴らない朝から始まる。

ベッドから起きてテレビのスイッチをつける。ちょうど朝の占いコーナーがはじまったところだった。

トーストを焼き、コーヒーをいれる。二年前、派遣の事務員として働いていたころは、朝食を食べる余裕もなくあわただしくマンションを出てギュウ詰めの電車で通勤していたのが信じられない。

「今日のおひつじ座は、十二位で、ラッキーフードは、蜂蜜トースト？　おしい！」

アヤは、イチゴジャムをぬったトーストをほおばった。

雑誌やテレビの占いは、占い師が監修していても、実態はほとんどライターが書いている。だから、アヤも今は、お遊びと思って見ている。派遣で働いていたときは知らなかったので、真剣に朝の占いを見ていた。

テーブルの上の、通販会員用の冊子を手に取り、ぱらぱらとめくる。

「ちゃんと占い師が書いてる占いもあるんだけどね」

通販会員冊子の最後のページの『今月の占い』は、アヤが連載している。

テレビや雑誌などの占いは、有名占い師にならないと依頼されないが、地域のフリーペーパーや、インターネットのウェブマガジンなど、無名占い師が活躍できる媒体はいくらでもある。ただし原稿料もピンキリだ。

「十二星座、各百文字の合計千二百字で五千円。紙媒体の仕事としてはかなり安いけど、占い師『アーヤ』って名前を出してもらってるし」

占い雑誌の占い記事は、出版社によって違うが、ページ一万円程度だ。イラストも入るので、文字数は多くない。通算すれば原稿用紙一枚あたり五千円くらいになる。定期的に雑誌に書くことができればいいが、なかなかそうはいかない。

現在の占い原稿の主流は、インターネットと携帯だ。

コーヒーを飲み終えたアヤは、パソコンを開いた。メールで占い原稿の依頼が届いていた。携帯占いサイト「占いの花園」の占いメニュー。「彼はあなたのことをどう思ってる?」とか「あなたの今週の恋愛運気」などの項目ごとに、回答文を書く。一つの回答文は、二百文字程度。

原稿料は会社によって違っていて原稿用紙一枚当たり、六百円から千二百円くらいまでかなりの幅がある。

紙の原稿もウエブ原稿も、原稿料から一割の源泉税が引かれる。

「さーて、仕事にとりかかりますか」

アヤは、昼までに、回答文を二十パターン、四千文字(原稿用紙換算十枚分)の原稿を書き上げた。

さっと着替えて身支度をすませ、マンションを出た。今日は、占い師の友達と情報交換を兼ねたランチなのだ。

待ち合わせした駅に着くと、町田翔子(仮名)が改札前で待っていた。二八歳で同じ年の翔子とは去年、フラワーアレンジメント講座で知り合った。お互い占い師だとわかって驚いたが、それから急速に親しくなった。

翔子は、明るい花柄のワンピースにパンプス。休日のOLといった感じだろうか。

「アヤ！　そのネイル、かわいい！」

アヤの指先のレモンイエローのネイルアートを、翔子がめざとく見つけた。パソコンのキーボードを打つのであまり長くはできないが、派遣で働いていたときはそもそもネイルアートなんてできなかった。

お互いをながめて思う。

「あたしたちって、占い師に見える？」

「見えないと思う」

イタリアンランチのある、ファッションビルへ向かう。平日なのに賑わっている。若い女の子もいるし、おばさまグループもいる。このなかに自分たちのほかに占い師がいるかもしれない。占い師は見た目じゃわからない。翔子と会ったときだって、フラワーアレンジメント講座で、占い師に会うとは思わなかった。

昼、イベントの打ち合わせ

ランチを食べながら、最初の話題は、占いとは一見、なんの関係もない税理士の件だ。

「アヤ。税理士さん紹介してくれて助かったわ。来年の確定申告が楽しみよ」

派遣で働いていたときの人脈が役に立った。

「よかった。翔子には、名刺とチラシの印刷屋さんを紹介してもらったから」

「お互い、個人事業主だものね。これからも情報交換していきましょ」

占い館《ハウス》の社員でなければ、占い師はひとりひとりが個人事業主だ。税金の申告など経理も、顧客開拓のための営業も、自分自身の健康管理も、すべて自分でしなくてはならない。

大変だけど、そのぶん、大きなやりがいがある。がんばればその分、自分に返ってくる。派遣の事務員だったときは、誰のためになぜ仕事をしているのか、ぜんぜん実感がなかった。

「来週の占いイベントの件だけど」

翔子に言われて、アヤは手帳を取り出した。そう、自分自身のスケジューリング、つまりマネージメントも重要な仕事だ。

「土日とも出られるわ。大丈夫よ」

翔子が所属している占いの館のイベントにアヤも出ることになったのだ。一日五時間で出演料は一万円。占い師が対面で仕事を受けるとき、顧客ひとりあたりいくらという歩合制の場合と時間給の場合がある。今回は時間給だ。アヤは気になっていたことを聞いてみた。

「ねえ翔子。あたしも何か衣装用意したほうがいい？」

占いの館に出ているときの翔子は、黒のロングドレスに紫色のヴェールをかぶっている。それが翔子の仕事服だ。けれど、アヤは、喫茶店での対面鑑定しかしたことがないので、仕事服を持っていない。

翔子は、一瞬首をかしげて、肩をすくめた。

「いっそ、コスプレ占いってのはどう？　巫女服とかいいんじゃない？」

「冗談！　だいたいタロットに巫女服って、ありえないでしょ」

「じゃあ、魔女服とか？　セクシー魔女とか？」

「無理！」

結局、翔子がいくつか持っているというレースのヴェールを借りることになった。

ランチのあと、デザートもしっかり平らげて店を出た。

夕方から喫茶店で対面鑑定

翔子は、夕方から占い館《ハウス》へ出勤だ。

アヤは、駅近くの喫茶店で個人鑑定の予約が入っている。

約束の時間よりすこし早めに喫茶店に向かう。個人事務所を持っていない占い師が対面鑑定するときは、喫茶店を使う。占いをするので、席と席の間ができるだけ離れていて、あまりうるさくない喫茶店を探して、いつも使っている。

初めての客が分かるように、テーブルにタロットカードを置いておく。

喫茶店のドアを開けて入ってきた若い女性が、どこか不安げな顔であたりを見まわしている。

アヤは立ち上がって、軽く会釈した。

若い女性が、テーブル上のタロットカードに目をとめた。アヤは女性に語りかけた。

「はじめまして。お電話で依頼してくださった斉藤さんですね」

女性がうなずく。

それぞれに飲み物を注文してから、さっそく相談を聞く。

アヤは、対面鑑定を二つの方法で引き受けている。一つはインターネットの自分のサイトから。そもそも占いで初めてお金を得たのもブログへのメールからだった。

好きな占いの話をあれこれブログに書いていたら、鑑定してほしいというメールが来るようになったのだ。最初は無料で鑑定してメールで返信していたが、相談者が増えて待ってもらうようになると、お金を払うから、と言われるようになった。

それからすぐ対面鑑定もするようになった。今はインターネットのほかに、チラシを作って、近所のパワーストーンを扱っている雑貨屋や、ネイルサロンにも置いてもらっている。最初はパソコンで印刷していたが、今は翔子が紹介してくれた印刷屋で刷ってもらっている。一度鑑定してくれたお客には、季節ごとに一言占いのはがきを作って送っている。

「来週の土日は、イベントに出るから、よかったら来てみてくださいね」

鑑定を終えて、若い女性はさっきまでとはまったく違う、すっきり晴れやかな顔でうなずいた。

「ありがとうございます！ラッキーストーンはローズクォーツですね！みてもらって本当によかったです！」

この瞬間、占い師をしていて心底良かったと思う。

女性が財布を取り出した。鑑定料金は一時間八千円。高校生の場合は、一時間五千円の学割料金に設定している。イベントでは、十五分千円とか、三十分三千円というような設定が多いが、対面鑑定の場合、何人も続けてみるわけではないので一回一時間以上、二時間以内と決めている。

「またすぐ来ます！　今度は友達連れて！」

占いの仕事は、こうして口コミで広がっていく。お客に満足してもらえる鑑定をすることが、なにより一番の営業になる。そのためには、誠実でいること。アヤの鞄の中には、手作りのローズクォーツのお守り石も用意してある。希望者には五百円で販売もしているけど、こちらからすすめたりはしない。

アヤは、お金を受け取り、領収書を渡した。

「次に占うのは、状況が変わるか、少なくとも一カ月以上経ってからよ」

メールで占っていたとき、毎週、毎日のように占いを依頼してくるお客がいた。同じ問題を何度も占っても意味がないし、占いに依存してしまうのは、決していいことではない。

占い師として頼られるのは正直嬉しいし気持ちいい。だからこそ相談者を占い依存症にしないよう意識して気をつけている。

占いを単なる商売と思うなら、おいしい客ということになるだろう。

そこに占い師の矛盾がある。

占いたいと思うとき、人は不安にとらわれている。人々が全員幸せになったら、占い師という職業は、必要なくなるのかもしれない。

アヤは、女の子を見送ってから、喫茶店を出た。

夜は電話占い

夕食用の食材を買ってマンションに戻った。今日の夕食は温野菜たっぷりのパスタ。ひとり暮らしだから、自分なりに健康に気をつかっている。

夕食後、寝るまでの時間は、電話占いの時間だ。アヤは、電話占いの会社に、占い師として登録している。

電話占いをしたい時間に、転送設定をすると、占い会社にかかってきた電話が、占い師の自宅電話に転送されるようになっている。

対面鑑定、電話鑑定、メール鑑定のいずれも、個人で受けるのと、占い会社経由で受ける方法があるが、占い会社経由だと当然マージンを取られる。

電話占いの場合、顧客は二十分で三千円を払うが、アヤが電話占いの会社から受け取るのはそのうちの三割弱の七百円だ。

電話が鳴った。転送電話の発信音を確認してから応答する。

「はい、占い師アーヤです」

『あの、恋愛運をみてもらいたんですけど』

話を聞きながら電話片手に、タロットカードをまぜあわせる。

占い会社経由だから、おかしな客はこないし、占い師本人の電話番号が公開されることもない。マージンがもったいないと独立していった占い師が、ストーカー的な客に悩まされ、鑑定料金の未払いに困り果て、さらには広告料やら電話転送代などの設備費が思った以上に大変で、結局、電話占いの会社に戻ったという話を聞いたことがある。

二時間待機している間、ほとんど続けて休みなく電話がかかってきた。午前零時を過ぎたところで、転送設定をオフにした。時給にしたら二時間で約四千円になる。

「今日の仕事はこれで終わり」

寝る前にメールをチェックすると、電話占いの会社から、占い師忘年会のお誘いメールが届いていた。

「去年の忘年会はすごかったのよね。一次会はみんなお上品に飲んでいたけど、二次会で、髪をつかみ合っての大げんかになって」

占い師は個性的な人が多い。だから、おもしろい。

アヤは、出席します、という返事を出した。

新規メールが届いた。以前、対面鑑定したお客からのメールだった。

『アーヤ先生！　また占いお願いします！』

正直、先生って呼ばれるのは慣れない。だけど、「ありがとう」って感謝される仕事だということに、誇りを持っている。

悩みを持つ人がいなくならない限り、占い師という仕事もなくならない。

アヤは、返信メールを送ってから、ネットショップで占い関連の本を数冊注文した。翔子に教えてもらったホラリー占いの専門講座に行くので、その前に予習しておくつもりだ。ホラリー、ジオマンシー、六壬《りくじん》、梅花心易《ばいかしんえき》……まだまだアヤの知らない占いがたくさんある。

シャワーを浴び、タロットカードを使った瞑想をしてから、ホラリー占いの本を手に、ベッドに入った。

アヤは、小さい頃から、占いやおまじないが好きな、ちょっと変わった子だった。人と同じことをしようとがんばっていたこともあったけれど、占い師になったらそんなこと、気にならなくなった。

占いを学ぶことが楽しい。人や自分を占うことが楽しい。

占いに関わる業界にいることがうれしい。

占い師になって本当によかった！と心から思う。

結婚しても家族が増えても、これからもずっと占い師を続けていこうと思っている。今は若い女の子からの恋愛相談が多いけれど、嫁姑問題や子供の問題や、年齢を重ねていけば、その年代ごとにいろんな悩みがあるはずだからだ。

占い師、日野アヤ、二八歳。まだまだ占い師として修行中だ。

第2章　霊感がないのに占い師になれるの？

占い業界が使う「霊感」の意味

「霊感」とは何か？

霊感占いが、大人気です。タロット占いも、普通の「タロット」ではなく、「霊感タロット」と呼ばれることが多くなりました。「タロット」と「霊感タロット」では何がどう違うのでしょうか？

実は、どちらも同じなのです。

占い業界では、わざと「霊感」という言葉をくっつけて呼んでいます。なぜなら、そのほうが、売れるからです。ただのタロットよりも、霊感タロットのほうが、なんだかわからないけど、すごいような感じがするからです。

そもそも「霊能力、霊感」とは何でしょうか？

多くの方は、こんなイメージを持っていると思います。普通の人には見えないものが見える力、聞こえないものが聞こえる力、感じられないものを感じられる力。幽霊を見たり、人の心を読んだり、未来を知ることができる、普通の人間とは違う、特別な力。

ところが、心を読んだり、未来を感じたりする力は、程度の差はありますが、誰にでもあります。

いわゆる直観、第六感、虫の知らせといったものです。カンが鈍い人もいますが、全くない人はいま

せん。普通の人も持っている力です。（幽霊を見ることができる力については第9章で取り上げます）

そういう意味では、霊感がないから占い師になれない、ということはありえないわけです。

もちろん当然のことながら、鈍いよりは鋭い直観を持っているほうがいい占い師になれます。

鋭く繊細な味覚を持っていれば、いい料理人になれるというのと同じことです。普通の味覚でも、手順通りに作れば、誰にだって料理はできます。

占い業界は、そういう意味で「霊感」と言う言葉を使っています。

タロットだけでなく、占星術や四柱推命《しちゆうすいめい》などのシステマティックな占いであっても、読み取るためには直観を使います。極端に言えば、「霊感」を使わない占いなんてありえないのです。

そんなのずるい、と思った方は、国語辞典を引いてみましょう。


【霊感】①人の祈願に対して現れる神仏の反応。②神仏から人が受ける啓示。おつげ。③インスピレーション

【インスピレーション】神から教えられでもしたように、突然飛躍的に名案などを思いつく心の働き。霊感。（「新明解国語辞典　第六版」より）

占い師も、作家や音楽家も、それぞれに何らかのインスピレーションを得ているわけですから、言葉の意味としては間違っていないのです。

直観と妄想を区別できる？

ここで「あれ？」と思った人は、カンの鋭い人です。占い師にでもなったほうがいいかもしれません。作家や画家と同じく「インスピレーションで占っている」というところにひっかかりませんでしたか？

作家や画家は、インスピレーションを働かせ、思いつくまま想像力を羽ばたかせて、作品を作ります。ということは、占い師も、占い結果を「作っている」のでしょうか？

たとえば占っていて、心の中に『あの人の本心』が浮かんだとします。神から教えられでもしたかのように突然思いついたわけですね。でもそれって、本当に真実なのでしょうか？　もしかして占い師自身の思いつきや、想像や、妄想ではないのでしょうか？

芸術家に「まるで自分が書いているんじゃないみたいに、筆が勝手に動いた」と思う瞬間があるように、占い師にも、「自分が話しているんじゃないみたいに口が勝手に動く」ことがあります。神がかり状態になって占うイタコは、それですね。

でもタロットや占星術占い師は、ちゃんと普通の意識をたもって、占いをします。

自分で思いついた想像や妄想と、直観として外からやってきた考えを、混同するはずがないと思うでしょうか？

実は、妄想と直観をはっきりと区別するのはとても難しいのです。

作家や画家にとって、自分の作品のどこからが、「何か大いなるものに導かれて」、どこからが「自分で作ったのか」はっきりと区別することは難しいのと同じく、占い師が感じる「霊感」のどこまでが自分で思いついたもので、どこからが直観なのか、占い師自身が判断することは難しいのです。

このことを初めて知った方は、怒りがわいてくると思います。

「占い師の想像や妄想を聞かされてたのか！」と。

ご安心ください。

そうならない仕組みがあります。

占いには古い古い歴史があります。はるか昔、数千年の歴史を持つ占いもあります。たくさんの占い師によって伝えられ、研究され、より深められていくなかで、できるだけ「占い師の思いつきや想像」が入らないで、直観が最大限に発揮されるように、形が整えられてきたのです。

たとえばタロット占いは、カードというアイテムを使い、カードの象徴というフィルターを通すことで、占い師が持つ直観のパフォーマンスを最大にするのと同時に、私的な妄想をカットするようにできているのです。

占星術や四柱推命などのシステマティックに理論づけられた占いは、さらに占い師の個人的な想像力に左右されにくくなっています。複雑な理論をマスターするのには時間も手間もかかるので、本当に占いを極めようという強い意志と意欲を持っていない人は、脱落していくことになります。結果的に、本物の占い師が残るわけです。

長い期間支持されてきた占いには、それだけの理由があるのです。

ただのタロットや占星術は道具を使うから簡単。一番難しくて、一番当たる本物の占いは、何にも道具を使わない「霊感占い」、と思っていた人もいるでしょう。

今すぐ考え直しましょう。

中には、何の道具も使わず直観だけで当てる、すごい占い師がどこかにいるのかもしれません。残念ながら、わたしは会ったことがありません。(巫女、神主、預言者などの宗教家は、占い師ではありません)

オーソドックスで歴史ある占術、簡単にマスターできない占術を使う占い師ほど、本物である可能性が高いのです。

本物の占い師は、システマティックな占星術や四柱推命のような複雑な占術を使って占っても、絶妙な直観で、本当の結果を導き出します。

本物の占い師には、大げさなパフォーマンスは必要ないのです。

そもそも、霊感、直観は目で見て確かめることもできないし、「あるかないか」で言えるようなものではないのです。

霊感、直観を磨く

占いの精度を高めるために、占い師は常に、霊感、直観を磨いています。

特別にその方法をお教えしましょう。

規則正しい生活をしたり、いい音楽を聴いたり、適度に体を動かしたり、食事に気を遣ったり、自然を肌で感じたりすればいいのです。

そんな当たり前のこと、と思うでしょうか？

でも、当たり前のことが、当たり前になかなかできないからこそ、誰もが悩み苦しむのです。

常識や習慣や、人の目にしばられずに、自分自身と、自分をとりまく環境の変化を感じ取るように心がけることで、直観は研ぎ澄まされていきます。

人間が、高度な文化と文明を築くために手放してきた、五感以外の「生物としての感覚」こそが、「霊感」の正体なのだと、わたしは思います。

普段は意識していなくても、程度の差はあれ、誰でも持っているものです。

必要以上に、「霊感」を強調する占い師は要注意です。

占いに霊感を使うのは「当たり前」のことだからです。

それをわざわざ強調するのは、そのほうが「売れるから」です。

占いが支持されて結果的に売れるのはいいのですが、結果が目的になるとおかしなことになってきます。

わたし自身、ひとりの占い好きとして、まともな占い師がすこしでも増えてくれることを願っています。

まともな占い師は、占いに対して、真摯な気持ちを持っています。占いはただの楽しい遊びではありません。人の命を救うこともあれば、ときには毒にもなる劇薬です。占いを単なる遊びや儲けの道具と思うのではなく、真剣に誠意を持っている人なら、必ずいい占い師になれるはずです。

占い師になりたいと思うなら、霊感のあるなしで悩む必要はありません。

テレビの占いは当たる？当たらない？

実は、直観をまったく使わない占いも、ないわけではありません。

それは、雑誌や携帯などのお遊びの占いです。

第1章でも書きましたが、テレビの占いコーナーや、携帯の占い回答文の多くは、ライターが書いています。占い師が監修していることになっていても、実際はライターが考えて書いている場合も少なくありません。

テレビの占いなどで、ネタが尽きたのか、何ともおかしなアイテムがラッキーグッズになっていたりして、思わず苦笑してしまう場合もあります。

本来、西洋占星術でも、東洋系の占術でも、毎日巡る星や干支には、それぞれに固有の色や場所や食べ物が決められています。例えば、火星がよい意味に作用する日であれば、火星が象徴する赤い服や、競技場や、スパイシーなフードがラッキーになるわけです。

なかには、占いまったく関係なしに適当に書いてる？　と思うような場合もありますが、それでも成立してしまうのが、不特定多数向けの占いなのです。

一対一の電話や対面の鑑定と、不特定多数に向けて占う雑誌や携帯占いは、「まったく違うもの」と考える方がいいかもしれません。

直観を使わなくても、不特定多数の人が納得できるように書く技術があれば、人気占いライターになることができます。

ところが、ここが不思議なところなのですが、そうしてライターが創作した不特定多数向けの占いであっても、なぜか、ぴたりと当たることがあります。

単なるお遊びの占いでも、まるで引き寄せられるように出会ったのなら、人の力を越えた何かが働いたのでしょう。

わたし自身、携帯や雑誌の占いライターとして仕事をしていますが、いつも真摯な気持ちで占い回答文を書いています。

具体的には、不特定多数の「誰か」に向けて書くのではなく、たったひとりの「あなた」に向けて書くのです。たったひとりの相手のための文章のほうが、より多くの人にピンポイントで届くのです。

肖像画が、右から見ても左から見ても、あらゆる方向から見る人全員と視線が合うようになっているのと同じです。どうやって描くのでしょうか?

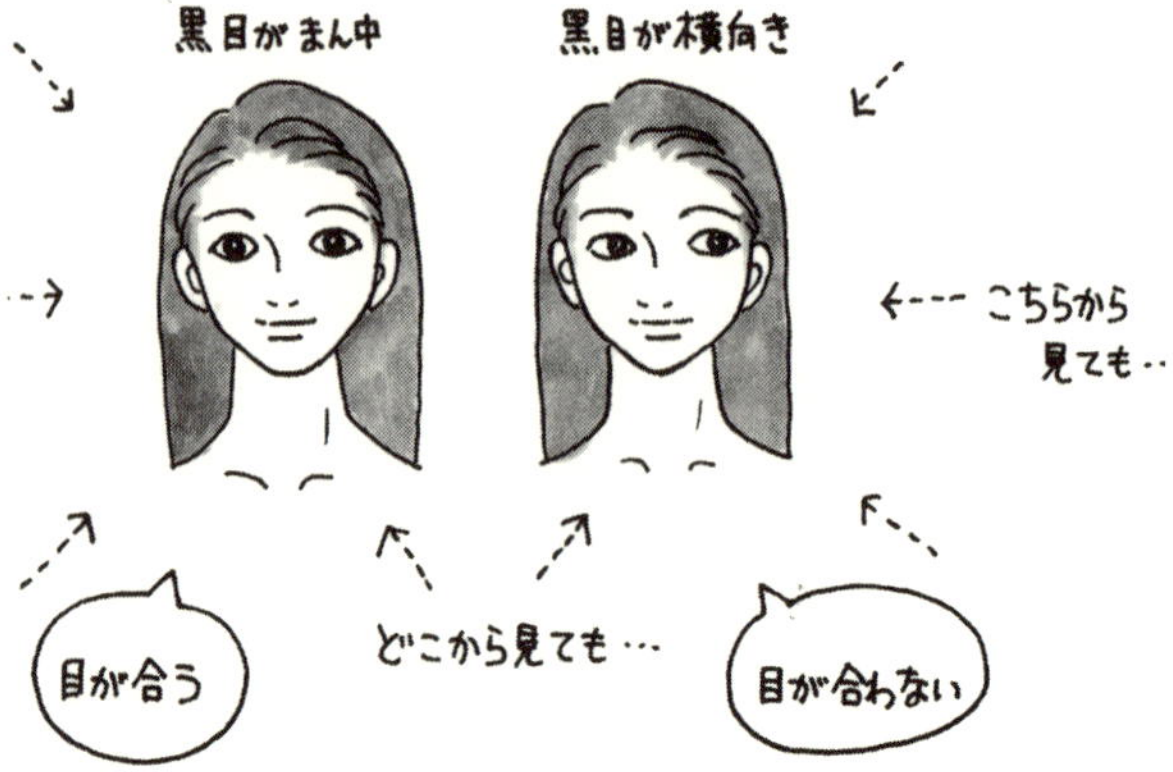
黒目がまん中
黒目が横向き
こちらから
見ても‥
目が合う
どこから見ても…
目が合わない

図1

答は簡単です。

真っ正面に瞳が向くように描くのです。真っ正面にいるたったひとりに向けて描いた肖像画は、どこから見ても、自分をまっすぐに見つめているように見えるのです。

そういう意味では、マスコミ向けの占いも、やはり占いは占いです。

占いの神髄は、一対一の対面鑑定にあります。

はるか遠い昔ナイル川のほとりで、中世の遊牧民のテントで、現代日本の繁華街の占い館《ハウス》で、占い師は相談者と一対一で向き合い、占ってきました。

さまざまな占い道具を使い、さまざまな方法で。

直観より推理力を必要とする占いもあります。もちろん霊感に自信がある人に向いている占いもあります。長い歴史を持ち全世界でたくさんの人が使っている占いもあるし、長いこと秘められていた知られざる占いもあります。パソコンを使う占いも、さいころや石を使う占いもあります。

いったい、どんな占いがあるのでしょうか？

第3章では、占いの種類とそれぞれの特徴について書いてあります。まずは広大な占い世界を、ざっと早足でながめてみましょう。

さまざまな占いの中には、あなたにもっともぴったりな占いがあるはずです。第4章のチャート式適性テストで調べてみましょう。

私はこうして占い師になりました！

木下順介

私の占い師としてのスタートは井の頭公園に机を置いて手相鑑定を始めた時で、料金も五百円＋お気持ち、という気軽なものでした。スタートした当時は『手相の本をパラパラと読んで大事なところが頭に残る程度』の実力でした。それでいきなり現場に出たのですから、今から考えても思い切りが良すぎるなあと自分に感心します。

それが今では海外で講演会を開いたり、いろんな国のＶＩＰの方々とお仕事をさせていただいたりと、活動がどんどん国際的になってきました。公園の青空の下、机一つであいまいにスタートした占い稼業がこんな大きな展開になるなんて、本当に人生って素敵だし不思議です。

他の占い師の方々と比較して私の場合『プロの現場が先で、技術、知識が後』、でした。この『現場が先』、という部分が技術や知識を学んでいく上で物凄く大きな手助けとなったと感じています。お客さまに聞かれて分らない部分や、質問の多い部分から順番に深く勉強していったので『現場〜疑問〜研究〜現場』、という生きた現場直結の勉強サイクルを毎日経験した事も使える実力がグングン伸びた原因だったと思います。

占いを学んでいる方から「どれくらいの実力になったらデビューして良いです

木下順介プロフィール

1996 年より手相、西洋占星術、風水を中心に活動をスタート。鑑定は深い観察眼と的確な状況の把握力から導き出される効果的な解決策の提示が特徴。芸能界、実業界を中心にクライアントから絶大な信頼を得ている。海外でも風水の講演を行うなど、国際的な活動も特徴のひとつである。また俳優、映画監督としての活動も旺盛に行っている。

か」、とよく聞かれます。いつも私は「どれくらいの実力かはお客さんが決めることなので、まずは現場で占ってみたら何が必要かわかりますよ」、と答えることにしています。

今はきちんとした占いの技術や知識を学べる場所がたくさんありますから、基本的な事をどこかでしっかりと学び記憶したら、どんどん現場に出て行けば良いと思います。

それと占いをお仕事にしたいと思っている皆様に私がとても大切だと思っている事を最後にお伝えしておきたいと思います。それは『お客様の人生に感動してください』、という事です。どんなお客様もその方の人生は絶対的に特別なものです。その他大勢の存在や、一般的な運勢というものはこの世に一切ありません。どんな小さな事でもそこにあるリアリティに感動出来る感性さえあれば、きっとお客様はまた占い師さんに会いたいと思うし、大切な人を紹介したいと思うはずです。

占いは太古の昔からあるとても素敵な職業です。ウキウキとした気持ちを持って腕を磨いてくださいね。皆さんの成功をモスクワから祈っております。

第3章　占いの種類

西洋占い・東洋占いの基礎知識

基本三種「命、卜、相」

占いには、たくさんの種類があります。

西洋占いに東洋占い、使う道具もカードやサイコロ、筮竹《ぜいちく》などさまざまです。

分類法も一つではないのですが、占い師にとってもっとも基本的な分類法は、「命《めい》、卜《ぼく》、相《そう》」の三種です。この分類法はもともと古代中国で、占いを「命、卜、相、医、山」という五術に分けたところからきています。医は、今でいう医学、山は、仙人が使う術で、現代の占いには入らないので、三種の分類を使うのです。

命《めい》は、生年月日から占う方法です。誕生の瞬間の天地があらわす、その人の一生の運命を読み取ります。

個人の運命をもっとも総合的に占うことができる占術です。

持って生まれた才能、資質、体質、恋愛傾向、金運、結婚運、職業運などを知ることができます。

生年月日さえ分かれば、一生の運勢と運気が分かります。

西洋系だと、西洋占星術、サビアン、数秘術《すうひじゅつ》。東洋系では、四柱推命、紫微斗数占星術《しびとすうせんせいじゅつ》、九星気学、算命学、宿曜占星術《しゅくようせんせいじゅつ》、そのほか、マヤ占星術、インド占星術などの占いがあります。

それぞれに長い歴史と体系があり、システム化されていて、研究者もたくさんいます。占術の基本は同じでも、違う解釈があって、さらに細かく流派が分かれている場合もあります。

先天的な運命を知り、長い目で運気の流れを知るのに適した占いです。一年の運勢や、特定の年齢の運勢を占うのも得意です。月運、日運を占うこともできます。

男女、親子、友人など、あらゆる人間関係の相性も総合的に占うことができます。

誕生日さえ分かればいいので、創業日で企業の運勢を占ったり、建国した日で一国の運命を占うこともできます。創立日で団体やチームの全体運を占う方法もあります。社会現象や、政治経済、時代の流れを占う場合にも使います。

逆に、彼が今この瞬間何を考えているか？　などという細かくて具体的な質問や、はっきりイエスノーが知りたい場合には適していません。

命占の場合、生年月日が変わることはありませんから、占い結果は、一生変わりません。

それに対して卜《ぼく》は、ある瞬間の偶然を利用する占いです。当然ながら、占うたびに毎回答えが変わります。

サイコロの目やカードの並び、亀の甲羅の割れ目など偶然のパターンや組み合わせにあらわれる真実を読み取るのです。

占い師の直観が重要になってくる占術です。

西洋系だと、タロット、トランプなどのカード占いが代表的です。ほかに水晶占い、ダウジング、ルーン占い、ジオマンシー、ビブリオマンシーなど。占星術の一種のホラリーも卜占《ぼくせん》に入ります。東洋は、易占《えきせん》、五行易《ごぎょうえき》、梅花心易《ばいかしんえき》、六壬神課《りくじんしんか》などがあります。

卜占の一番シンプルな形は、コインの表裏で占うコイン占いでしょう。

おみくじ、あみだくじ、下駄を投げて天気を占う下駄占いも卜の一種です。下駄の表が出るか裏が出るかは、偶然の神のみぞ知るところ……。

と聞いて、なにかおかしいと思いませんか？

偶然に出た結果が、どうして当たるのでしょうか？

コインの裏表やタロットカードの並びは、偶然出たのではなく、占い師が超常的な力で操作した、必然の結果なのではないでしょうか？　そうでないのなら、占いは、単なる偶然のいいかげんな結果ということになってしまいます。

偶然か、必然か？

実は、答えは、同時にどちらでもあるのです。

占い師は、この世にまったく無意味な偶然はない、と考えます。たまたま今回コインの表が出たのも、誰かが失恋するのも、政権崩壊するのも偶然ではないのです。

あえて言えば、占い師が超常的な力で操作するのではなく、占い師は『すべてが必然で結びつけられた世界』で占うのです。

そこに、占い師が占う意味があります。

占い師でない素人が放ったコインは、意味のない偶然が支配する世界でただ無意味に、統計的に表か裏になるだけです。

でも占い師が放ったコインは、必然の結果として表か裏になるのです。

あらゆることが意味をもって結びついた世界と、意味のない偶然が支配するこの世の中間に占い師がいて、偶然の結果から答えを読み取るのです。

タロットや易など古くからある卜占は、偶然の結果から、もっとも適した結果を導き出すことができるようにシステム化されています。深層意識に根ざした意味を持つシンボルが、解釈を助けるのです。

単純でシンプルな占いほど、解釈は難しいと言えるでしょう。

卜占は、偶然を使った占いですから、占い結果はその瞬間、一度きりです。同じ質問で何度も続けて占うことはできません。あまり遠い未来のことも占えません。

近未来に何か起こるか、イエスかノーか決断したいとき、人の気持ちや状況の変化を占うのに適しています。

卜占で、人の一生を占うことはできません。占い結果は、問いに対する答です。つまり、問いに対する答えを知りたい場合に使う占いなのです。


最後は相《そう》です。

これは、目に見える形で占う方法です。

人の顔も、手のしわも、山も川も、この世のあらゆるものの形に、本質があらわれているとして占うのです。

人相、手相、声相、地相、家相、墓相、印相。筆跡占い。相析。奇門遁甲《きもんとんこう》。風水も、相の一種です。

地形や自然は簡単には変わりませんが、人相や手相は年とともに変化します。ですからやはり、近未来をみるのに適しています。危険や災難を予知することもできます。

コーヒー占いや、動物の内臓占いも形でみる占いです。同時に、偶然のパターンによってイメージを喚起させるという点では、卜占と同様の要素があります。

以上、命、卜、相の三つの区分に含まれない占いとしては、姓名判断、血液型占い、夢占いなどがあります。

姓名判断は、アルファベットで占う西洋系のものと、漢字の字画を使う東洋系の占いがあります。

血液型占いは、四種類と簡単なことから、日本ではあっという間に広まりました。ゲーム的要素が強い占いです。

夢占いは、古代から続く歴史ある占いですが、「夢占い師」というのは存在しません。夢を見るのは質問者本人で、それを解釈するのが夢占いだからです。

ほかにもさまざまな占いがあります。

一時的に流行った占いのなかにも、東洋占いの名前を変えて大ヒットした動物占いなど、伝統にもとづいた占いもあります。まったく新しく、誰かが作った占いもあります。今現在も新しい占いが生まれて、そして消えていっています。

以上の分類にしたがって、もうすこしくわしくみてみましょう。

今回は、占いの基礎ということで数をしぼってあります。

この本は、「占いの教則本」ではないので、占い方の解説はしていません。どんな占いがあって、どんな歴史があって、どんな特徴があるのかについてだけ、おおまかにわかるようになっています。よく知っている占術の意外な一面を知ったり、今まで聞いたこともない占術に出会えるかもしれません。

おもしろそうな占いがあったら、ぜひ、専門書で学んでみてくださいね。

命《めい》

【西洋系】

■西洋占星術

学問と呼べるほどの深く大きな体系を持つ占術です。古代バビロニアには、星の動きによって天変地異を予測した記録が残っています。中世ヨーロッパでは、占星術は天文学の一部門で、天文学者ケプラーも占星術師でした。

占星術は、その瞬間の天空の星の位置関係で占います。ある人が生まれた瞬間に、地球を中心にして、太陽や金星や木星が空の何座に位置しているかを図《チャート》にしたのが、出生天宮図《ホロスコープ》です。基本は、太陽、月と、各惑星、それから天空上の十二の星座《サイン》、太陽の軌道＝黄道（ゾディアック）を分割した十二宮《ハウス》が、占星術の基本です。

いわゆるテレビや雑誌の○○座、というのは、出生ホロスコープの太陽が何座にあるかということで、複雑精緻な占星術のごくごく一部でしかないのです。太陽星座が個人の運命にしめる割合は、三割から六割と言われています。

新しく発見された外惑星や小惑星を取り入れ、今はコンピューターで精密なホロスコープが作られるようになりました。伝統を保ちながら、その時々の科学を取り入れ発展変化してきた占術と言えるでしょう。

ホロスコープを分割する調波《ハーモニック》、複数のホロスコープを重ねるコンポジットなど、さまざまな技法があります。

占い師として西洋占星術を使う場合、出生ホロスコープの三重円が読めることが最低条件です。三重円とは、出生図、進行図、経過図の三つです。これがあれば、現在二十歳のAさんの、過去の事件を読み解くことも、これからの未来を占うこともできます。

毎日の運勢から、一生の流れまで幅広く占うことができます。

■サビアン

西洋占星術の一技法で、三百六十度のホロスコープの、一度一度を意味のあるシンボルとして読んでいきます。同じ太陽おひつじ座でも、零度から二九度まで三十通りのおひつじ座がいるわけです。

二十世紀になって西洋占星術師ルディアが完成させた比較的新しい占術です。簡単でいながら奥深く神秘的な要素があります。

サビアン占術とパソコンの普及は深い関係があります。サビアンで占うためには、各惑星の位置を、一度の誤差もなしに特定しなければならないからです。

一生の運命や、相性など、幅広く占うことができます。

■数秘術

数字には意味があるとし、この世の森羅万象を数字に変換して占う占術です。占星術と同じく、古代エジプト、メソポタミアの時代から長い歴史があります。数学とともに発展し、秘密結社によって伝えられてきました。十九世紀の神秘家グルジェフが数秘術を独自に完成させたエニアグラムという体系は、心理学の分野でも使われています。

現代の数秘術には、ユダヤの秘法カバラを受け継ぐカバラ数秘術と、ピタゴラスが祖とされるピタゴラス数秘術があります。

どちらも、誕生年月日を足し合わせて一桁にしたものが誕生数で、個人の運命をあらわします。

名前のアルファベットを数字に変換するのには、カバラ数秘のゲマトリア法など、いくつかの異なる手法があります。

ふたりの数を合わせて相性をみることも、年月日を足して、未来を読むこともできます。

数秘は、すべての西洋神秘思想の源流です。数秘を学ぶことで、占星術も、タロットの数字カードの解釈も、さらに深めていくことができます。

【東洋系】

■四柱推命

東洋系命占中、もっとも完成された体系を持つ占術です。古代中国で生まれ、宋の時代の本が残っています。

生まれた年、月、日、時間の四つの柱の吉凶を読み解くので、四柱推命といいます。四つの柱の干支《かんし》と変通星《へんつうせい》を記した表が命式《めいしき》です。

四柱推命は、四柱の複雑な相互作用を推理する占術です。

一つの要素だけで吉か凶か判断することはできません。一つの干支がこちらにとっては吉であちらにとっては凶になるのです。根底にあるのは、生じる相生《そうしょう》と、害する相剋《そうこく》という五行《ごぎょう》の関係です。究極の理想は五行の気が等しく順調に流れている状態です。つまり、過不足が個人の個性になるのです。

誰にとっても吉、誰にとっても凶、という要素はありません。すべてがバランスと相関関係でなりたっています。

相性をみる場合も、五行の関係性が基本です。

巡る年月日の干支との作用を調べることで、未来のいつであっても吉凶を知ることができます。

さまざまな流派があり、年月日だけで占ったり、日柱干《にっちゅうかん》の日主《にっしゅ》だけで占う、簡略占いもあります。

命式は、パソコンソフトで出すことができます。四柱推命を占術として使う場合、最低限、命式とその年の干支との吉凶が読めることが必要でしょう。

■納音《なっちん》

四柱推命の一技法で、六十ある干支を五行によって三十に分類して占います。日本では、安倍晴明《あべのせいめい》も使っていたとされる占術です。

三十種類の納音の名前で、干支の持つ意味をより深く、イメージしやすくなっています。ちなみに、俳人の「山頭火《さんとうか》」という名前も、納音の一種です。

四柱推命と同じく、陰陽五行が基本になっています。相性も、五行で占います。

■紫微斗数《しびとすう》

東洋の占星術です。千年前の中国で作られたとされています。出生時の十二支を十二宮に配置した命盤《めいばん》に、紫微星《しびせい》をはじめとする北斗、南斗の星々を配置して占います。

紫微星は、北極星を象徴しているとされています。紫微斗数占星術に使う北斗、南斗の星々は、天空の実際の星ではなく、干支と五行から割り出したエネルギーのことです。強弱吉凶さまざまの三十ほどの星を使います。

紫微斗数の命盤は、出生時間がわからないと作ることができませんが、パソコンソフトもあります。十二宮ごとに分野がわかれているので、複雑な推理をしなくても、目的別に具体的な吉凶を判断することができます。

■九星気学

こよみにも記されてきた日本人になじみ深い占術です。

中国で生まれた九宮を日本で発展させて作られたものです。根本にあるのは陰陽五行と干支の考え方です。

九星気学では、一白水星から九紫火星まで九種類のエネルギーが、一定の法則にしたがって年月日それぞれ順番にめぐっていると考えます。

生まれた年の九星が、個人の運勢を支配する本命星となります。本命星を中心に九星を配置した定位盤によって、さまざまな吉凶、特に方角の吉凶を占うことができます。

年月日と時間を十二支で表します。

運勢を占うだけでなく、吉方向を使うことで積極的に開運できる点が大きな特徴です。

■算命学

四柱推命と同じく中国に起源を持つ占いです。

日干が本人の本質を表すのは四柱推命と同じです。九つに区分された人体図に、四柱推命でいう十二運と、変通星を配置して占います。いくつもの流派があり、それぞれに十二運、変通星の名前が違います。

四柱の相互作用で占う四柱推命にくらべて、相互作用をそのまま図にした点で、シンプルで占いやすいと言えるでしょう。

人体図にしたことで、作用の意味がより具体的にイメージしやすくなっています。たとえば、四柱推命で重要な意味を持つ月柱蔵干《げっちゅうぞうかん》の変通星は、人体図の胸の中心に配置されています。

相性や、家族の問題など現実的な問題を占うのに適しています。

■宿曜占星術《しゅくようせんせいじゅつ》

生まれたときの月の位置で占う占星術です。

発祥の地はインドで、宿曜経《しゅくようきょう》という密教の教典がもとになっています。日本には平安時代に伝えられたとされています。

月の軌道を二十七の宿に分けた宿曜盤という天宮図で占います。生まれたときに天空の月が位置していた宿が本命宿になり、その人の宿命をあらわすのです。

宿曜盤にはさらに十二宮があり、羊宮、牛宮、魚宮などの名前がついていますが、西洋占星術の星座とは違います。西洋占星術の影響を受けて、インドで独自に発展したのです。

宿同士の角度で相性を占うことができます。

宿命的な相性を占うのに適しています。

【オリエント】

■マヤ占星術

一年が十三カ月あるマヤ暦をつかって占う、独自の占星術です。

マヤ暦には、二十の紋章と、十三の音程があります。

生年月日と時間を、マヤ暦に換算し、紋章を導き出して占います。年齢に応じて変わっていく音程で、未来を占うこともできます。この世の宿命だけでなく、前世、来世を占うこともできます。

西洋占いとも東洋占いとも違う、古代マヤ文明独特の神話がもとになっている、神秘的な占いです。月の満ち欠けを暦に取り入れたマヤ暦は、自然のリズムを生活に取り入れたい人々に注目されています。

■インド占星術

バビロニアで生まれた古典占星術が、インドに伝わって独自に発展してきた占星術です。

西洋占星術は、地球の歳差《さいさ》（自転軸の傾きによる春分点の移動）を取り入れたトロピカル方式でホロスコープを作成しますが、インド占星術は春分点を固定したサイドリアル方式で占います。そのため星座の位置が、西洋占星術と約二四度ずつずれています。

天王星以降の外惑星は用いず、太陽より月を重視しますが、アセンダント、ドラゴンヘッドなど西洋占星術と共通する部分もあります。

流派によって違いますが、ホロスコープは四角形に表示します。

輪廻転生思想をもとに、宿命《カルマ》を読み解きます。神秘的でありながら、高度にシステム化された論理性の高い占術です。

卜《ぼく》

【西洋系】

■タロット

大アルカナと呼ばれる二十二枚の絵札と、四種類のスートに別れた小アルカナ五十六枚、合計七十八枚セットのカードで占います。

小アルカナには、各スート十枚の数札と、小姓、騎士、女王、王の四枚の人物カードがあり、トランプと同じ起源を持っています。

タロットが今と同じ形のセットになったのは十四世紀ころのヨーロッパですが、古代エジプトのトート神、ユダヤの律法書トーラーなど、さまざまな影響を受けたとされています。

大アルカナには騎士、皇帝、魔術師など中世時代のシンボルが描かれています。時代をこえて愛用されてきたのは、それらのシンボルが、人間の根源的な原型を表しているからでしょう。瞑想やイメージトレーニングに使うこともできます。

神秘的な魔術用のタロット、アニメのタロット、動物のタロットなど、ありとあらゆるタロットが作られています。大アルカナの順番が違うものや、小アルカナの人物カードの組み合わせが違っているものもあります。

初心者には、数札が絵になっているものが覚えやすいでしょう。

最初は大アルカナだけで練習をしてもかまいませんが、タロットを占術として使う場合は当然ながら、七十八枚すべて使いこなせることが条件です。

■トランプ
中世ヨーロッパで遊技用カードとして生まれました。

その後、遊技用としてだけでなく、占いにも使われるようになりました。

欧州では五十二枚全部使うのではなく、主に、コンチネンタルパックと呼ばれる一部のカードを抜いたセットが占いに使われています。

数札の一から七までと人物札のみ使うなど、さまざまな組み合わせがあります。

占いに使う場合は、遊技用と共用するのではなく、占いだけに使うようにしましょう。

■オラクルカード

主に、一枚引きで、おみくじのように運勢を占うカードです。

天使のオラクルカードなど、さまざまな種類のカードがあります。

占い師が使う場合は、他の占いで現状を分析したうえで、開運のためのラッキーアドバイスなどに使うとよいでしょう。

■その他のカード占い

ルノルマンカードは、一八世紀のフランス宮廷で活躍した女占い師の名前を冠した占いカードです。トランプから派生した三十六枚のセットで、独特なコンビネーション法で読みます。

易《いーちん》カードや、ルーンカードなどのように、本来、筮竹《ぜいちく》や石を使う占いをカードにしたものもあります。

■水晶占い（スクライング）

占い師といえば、水晶球をのぞきこんでいるというイメージがあるほど、よく知られた占いです。が、実占に使っている占い師は多くありません。

水晶そのものが、何かの映像を作り出すわけではありません。占い師自身のなかにあるイメージが、水晶球に投射されて映像として見えるのです。ですから占い師が映像を見ている水晶を、すぐそばで一般の人が見ても、何も見えません。

水晶ではなく、黒く塗った鏡、水を張った盆、水を入れたコップなどを使って、スクライングすることもできます。

スクライングは、占い師の直観を最大限に利用する占いですが、それだけにいろいろと注意しなければならない点があります。できれば独学でなく、指導してもらって訓練するのがいいでしょう。

■ダウジング

おもりをつけたひもの揺れで、占います。

指輪に糸を通して使ってもいいし、専用のおもり（ペンジュラム）もあります。

アルファベットを書いたシートの上で揺らして占ったりすることもできますが、通常は、イエスノーを判断するなど、シンプルな答えを知りたいときに使います。

L字型の棒《ダウジングロッド》で、地下水脈を探すのもダウジングです。

■ルーン

ルーン文字をきざんだ石を使って占います。

ルーン文字とは古代北欧で生まれた神秘文字です。

神々の黄昏ラグナロクなどの壮大な描写で知られる北欧神話と深い結びつきがあります。ルーン文字を作ったのは、北欧神話の神、オーディンとされています。

占い方はシンプルです。二十四のルーン文字に空白をプラスした、二十五個のうち、つかみとった一つの石が答になります。複数の石を並べて占うこともできます。

イエスノーをその場で判断するのに適しています。イメージ力豊かな占い師であれば、複雑な問題を占うことも可能です。

■ホラリー占星術

西洋占星術の一技法で、質問を思いついたその瞬間のホロスコープを作って占います。

単純なイエスノーを出しにくい西洋占星術のなかで、唯一、質問に対する直接的な答が得られる占術です。

簡単にホロスコープが作れるパソコンが普及したことで、占いやすくなりました。

失せもの探し占いにも適しています。

占い師が使う場合は、質問者から「質問をされた瞬間」のホロスコープで判断します。

■ジオマンシー
古代エジプトで生まれたとされる、古い歴史を持つ占術です。

偶数と奇数の四つの組み合わせから得られる、十六種類のパターンで占います。もともと土に木の棒を突き立てて占っていたので日本では土占いと訳されています。数占いの一種で、紙に線を書いたり、豆粒をつかんで数えるなど、いろいろな方法があります。

もともとは卜占ですが、その後、数秘術的要素が加わり、生年月日や日時を、奇数偶数でパターン化して占う命占《めいせん》としても発達していきました。

ナポレオンも使っていたとされる、欧米ではメジャーな占いですが、日本ではまだ認知度が低いようです。

■本占い（ビブリオマンシー）
本を適当に開いて、そのページの内容で占います。

専用の本もあるので、一枚引きのカード占いや、おみくじ的に使うことができます。

占いと全然関係のない本を使って、占うこともできます。ページを開いたとき、ぱっと目に付いた単語で占います。


【東洋系】

■易占《えきせん》（周易《しゅうえき》）

東洋でもっとも古い歴史を持つ占いです。

易経という教典で占います。

易経には、この世のすべてが六十四通りの卦で表現されています。三千年前の中国、周の時代に作られたとされています。単なる占いの書ではなく、古代中国を代表する思想書「四書五経」の一つです。

陰陽五行が根本になっています。

筮竹《ぜいちく》の奇数偶数や、コインの裏表を使って占います。六回分の陰と陽の組み合わせで、六十四通りになります。

さらに卦の一部を変化させて（変爻《へんこう》）、時間経過を見ます。

シンプルですが、それぞれの卦に、深い意味があり、イメージをふくらませることで、ビジネスから家庭問題まで、どんな質問にも対応できる占術です。

■五行易《ごぎょうえき》

易という名前が付いていますが、通常は易経六十四卦の意味は使いません。卦の陰陽と、占う日時の干支との組み合わせで吉凶を読み取る占いです。

吉凶の判断には、陰陽五行を使います。

象徴的で深い意味を持ち単純に吉凶を読みにくい周易と違って、五行易ははっきりと吉凶を読むことができます。断易《だんえき》と呼ばれることもあります。

イエスノーを判断するのに適した占術です。

■無筮立卦《むぜいりっか》

易占の一技法で、占おうと思ったときに見た光景を、易の卦に見立てて占います。

ぱっと見て公園の池が目に入ったとします。地面の上の水「水地比《すいちひ》」と見立てれば親しんで吉という意味ですが、水だけを見て「坎為水《かんいすい》」と見立てると最悪の困難という意味になってしまいます。

何をどう見立てるか、占い師の直観が重要になってくる占術です。

質問者に依頼されて使うのはむずかしいでしょうが、こういう占い方法もあると知っていれば、ふさわしいときに思い出すことになるでしょう。

■六壬神課《りくじんしんか》

古代中国で発展した歴史ある占術で、日本では安倍晴明が解説書を書き残しています。

ホラリー占星術と同じく、質問をたてた瞬間で占います。

六壬神課の天地盤は東洋版ホロスコープで、月将は西洋占星術の十二星座と同じです。ただし吉凶の判断は、東洋の干支と五行を使います。

希望が叶うかどうか、日常の吉凶を占うのに適した占術です。

失せもの探しにも適しています。

相《そう》

■人相

人の顔で、運勢を占います。西洋系人相術と東洋系人相術があります。

西洋系人相術は古代ギリシャに生まれ、占星術とも結びつきながら、近代では解剖学、人類学の知識を導入し、発展してきました。

東洋系人相術は、古代インドで生まれたという説もありますが、手や体すべてを観て占う観相として中国で発展してきたものです。根底にあるのは陰陽五行です。

さまざまな流派があり、西洋東洋両方取り入れている場合もあります。

どちらも、もともとの顔かたちで持って生まれた運勢をみます。さらに、過去の出来事や、未来に起こる出来事を、顔にあらわれるしるしから読み取ります。運勢が変わるときには、ほくろやしわ、赤みなどのしるしがあらわれるとされています。

道具を使わず、相手にも触れないので、日常生活のなかで占うことができます。

髪型やメイクを変えることで、開運することができます。

■手相

手で、運勢を占います。西洋系手相術と東洋系手相術があります。

西洋系手相術の歴史は古く、聖書にも、人の手には符号があると記されています。中世ヨーロッパにもたくさんの手相占い師がいました。

東洋でも古代から人相とともに、陰陽五行の考えにもとづいて、独自に発展してきました。

現代日本では西洋東洋の要素をミックスして使う場合が多いようです。手の平のしわだけでなく、手の形、爪、指の動きなど総合的にみて判断します。

持って生まれた運勢のほかに、過去、未来を読み取ることができます。手相はどんどん変わっていきます。心境の変化、環境の変化も手相にあらわれます。

今現在の、体と心の状態と、近未来の変化を見るのに適した占いです。

【西洋系】

■コーヒー占い（カフェドマンシー）

中東で生まれたとされています。中世ヨーロッパで一般にひろまり、イギリスでは紅茶占いとして親しまれています。

コーヒーをほんのすこしだけ残して飲み終えたカップを受け皿にふせます。しばらくして元に戻すと、カップの底にコーヒーが不定形に広がっています。

その形から何を連想するかで占います。「不定型なしみ」からの連想で心理状態を判断する方法は、心理学のロールシャッハテストに受けつがれています。

【東洋系】

■風水

気を整えることを目的として、中国で発展した占いです。

個人の運勢をみるのではなく、環境との関わりで吉凶を占います。

占うだけでなく、気の流れを良くすることで、運勢を積極的に改善していくことができるのが大きな特徴です。

さまざまな流派がありますが、基本にあるのは、中国の陰陽五行思想です。本人が持つ五行の性質と、環境との間によい相互作用があれば吉ということになります。

業績改善、新規出店地の判断など、ビジネスに応用しやすい占いです。しっかりした実績があれば、企業の顧問風水師になることも可能です。

開運のワンポイントアドバイスとして、風水占いを使うこともできます。

■奇門遁甲《きもんとんこう》

日時によって吉凶を占います。

古代中国では、六壬神課《りくじんしんか》、奇門遁甲《きもんとんこう》、太一神数《たいいつしんすう》は三式と呼ばれ、軍事的に重要な占術でした。（太一神数は、国家の運命予測に使われていました）

奇門遁甲は、干支と五行によって、吉方位を占います。

その他

■姓名判断

古代から、名前はそのものの本質を表すとされてきました。

西洋系姓名判断と東洋系姓名判断があります。

西洋系姓名判断は、アルファベットを数字に変換して占う、ゲマトリア数秘術などがあります。解釈方法は数秘術と同じです。

東洋系姓名判断は、漢字の誕生と同じくらい古い歴史がありますが、日本で普及したのは庶民が名字を持つようになった明治以後です。字の画数の数え方の違いなど、さまざまな流派があります。画数だけでなく、漢字の意味を五行に変換して占う場合もあります。

名前の音で占う姓名判断もあります。

姓名判断は、ただ運勢を知るための占いではありません。新しく名前をつける、変えることで運勢を自分でコントロールできる点が大きな特徴と言えるでしょう。

名付けだけでなく、開業の店名、屋号などのビジネス面でも需要の多い占いです。

■血液型占い

現代日本では、もっとも広く一般に普及している占いですが、欧米では自分の血液型を知らない人も少なくありません。

二十世紀中頃、フランスの研究者が提唱した分類法がもとになっています。

会話のネタやツカミに使うには便利ですが、職業占い師が実占に使うことはあまりありません。

第4章　開業には二種類以上の占いが必要

あなたに合っているのは何占い？

チャート式占い師適性テスト

占い師が鑑定するとき、ふつう二種類以上の占いを使います。

たとえば、「彼とつきあうことができるでしょうか？」と質問されたとします。まずは命占で、質問者と彼の誕生日から、それぞれ生まれ持った恋愛傾向を占います。そのうえで、卜占で彼の気持ちや今後のゆくえを占うのです。さらに結果がよくない場合は運気改善できる占いをすることもあります。

開業するなら少なくとも、命占と卜占一つずつ、二つの占いをマスターする必要があります。命占と卜占の組み合わせはなんでもかまいません。東洋西洋それぞれの占いに得意不得意分野がありますから、たくさんの占いができるほど、さまざまな質問に対応できるようになります。

本書を読んでいるあなたは、すでに複数の占いをプロレベルでマスターしているかもしれません。その場合はこの章とつぎの章は飛ばして、「第6章　開業する方法」から読んでみてください。

一から占いを学びたい、あるいは一つの占術しか使えないから、もう一つ身につけたいと思っている場合もあるでしょう。

そんなあなたにはどんな占いが合っているのでしょうか?

チャート式テストで、調べてみましょう。

一から学びたいなら、まずは、チャート式テストでたどりついた占いにチャレンジしてみてください。きっとあなたの一番得意な占いになるでしょう。

それが命占なら、二つめは卜占を。一つめが卜占なら、二つめは命占を学ぶことになります。すでに一つ何か得意な占いがあるあなたには、チャート式テストの占いは、二つめの占いとしておすすめです。

二つの占いがしっかりマスターできたら、占い師として開業することができます。

チャート式

占い師適性テスト

あなたに合っている占いは？

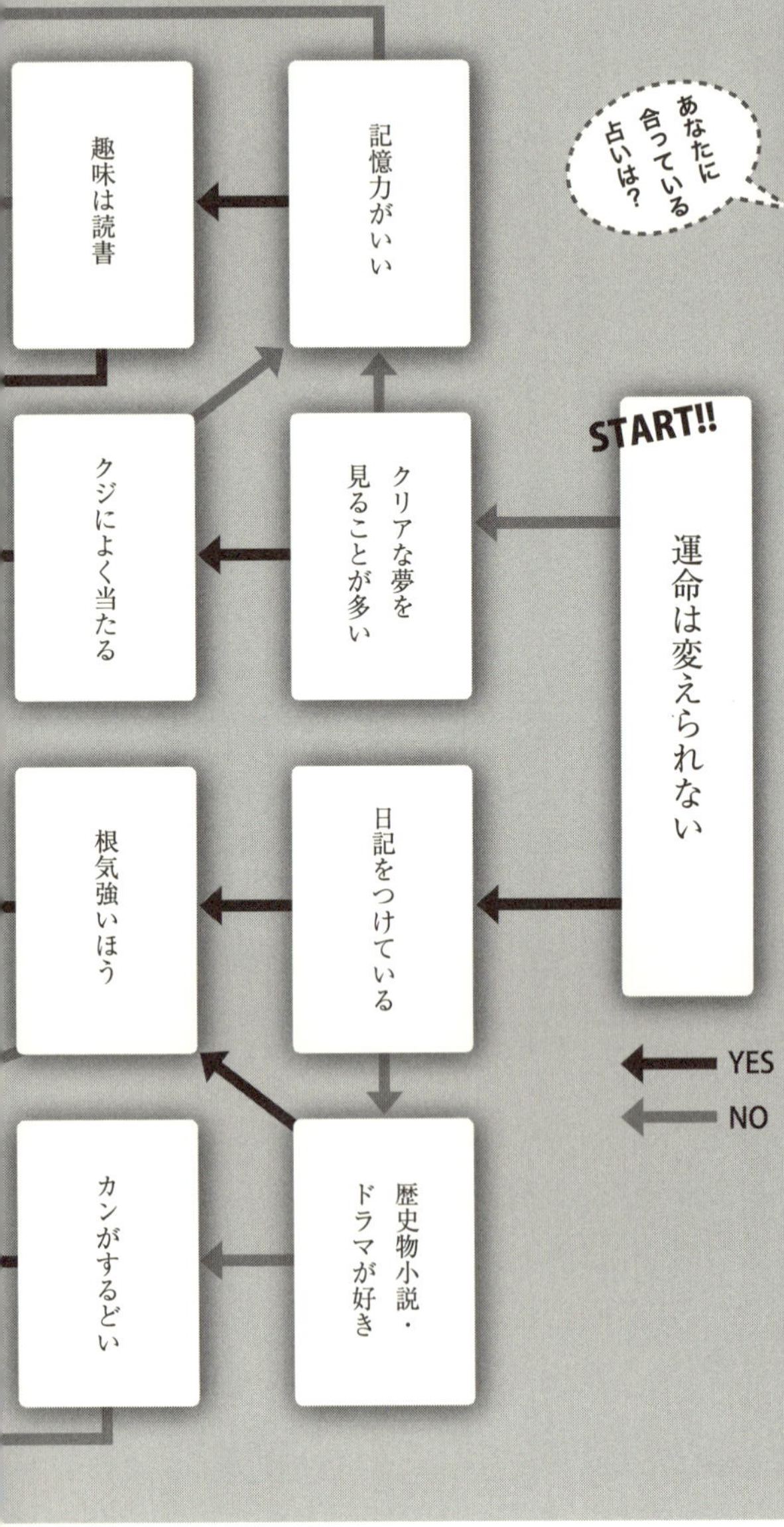

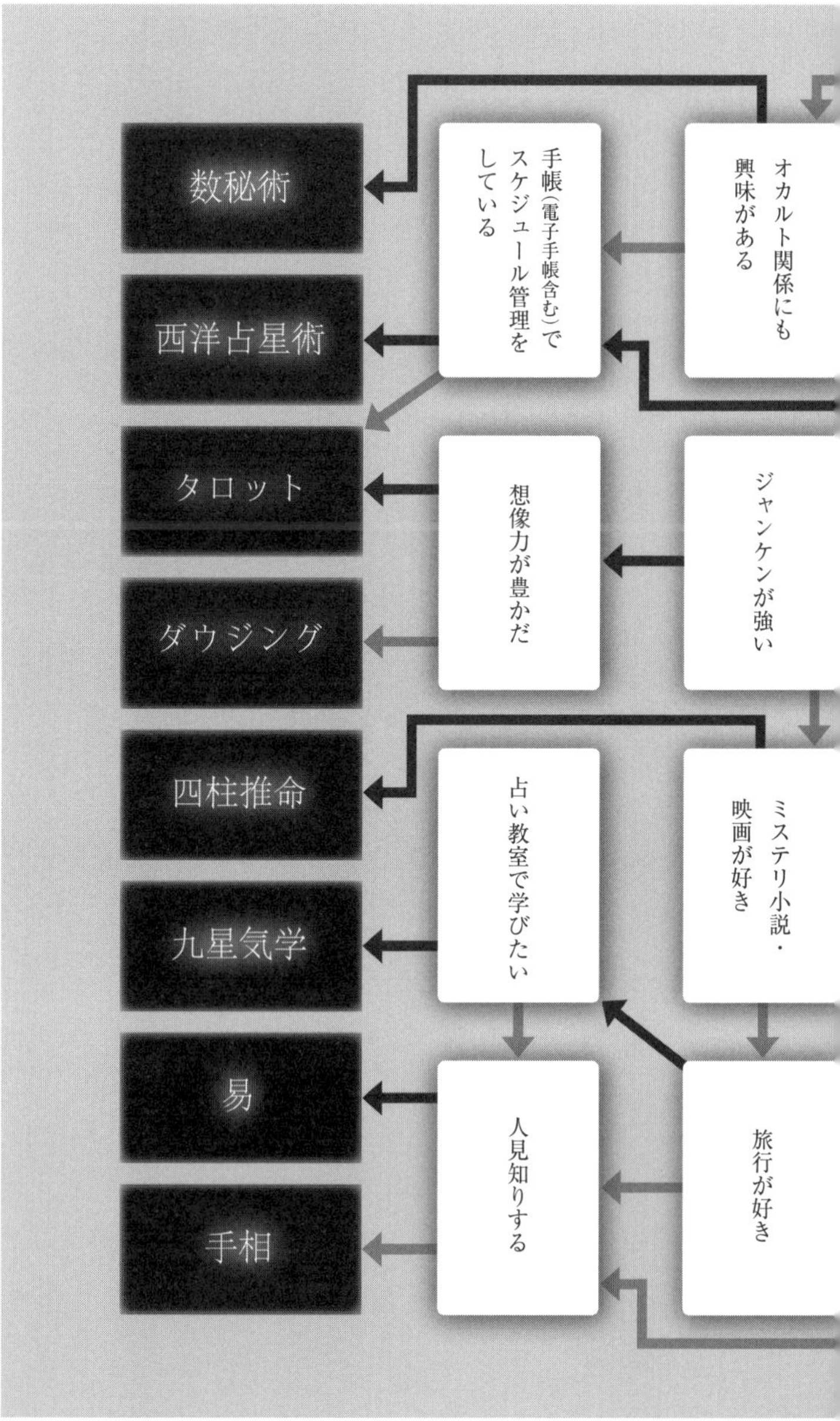
オカルト関係にも興味がある
手帳(電子手帳含む)でスケジュール管理をしている
ジャンケンが強い
想像力が豊かだ
ミステリ小説・映画が好き
占い教室で学びたい
旅行が好き
人見知りする
数秘術
西洋占星術
タロット
ダウジング
四柱推命
九星気学
易
手相

1　数秘術（命占）

あなたは数秘術の神秘を知ることができる人です。

数秘術の基本は一から九までの数字です。森羅万象のすべてを、数字に変換して占います。簡単な計算で占えて、パソコンなどの道具もいりません。

数秘術は、本によって独学で学ぶことができます。

数について知ることで、複雑に入り組んでいた世界が、すっきりとして見えるようになるでしょう。自分自身の迷いもなくなり、相談者に対しても自信を持ってアドバイスできるようになります。

数秘術の源流カバラは、ユダヤ神秘思想の体系です。あらゆる西洋占術、魔術の基礎にカバラがあります。カバラを極める者は、魔術を極めることになるでしょう。

一緒に使うト占としては、数の思想を生かせるタロットや、魔術道具でもあるダウジングがおすすめです。

2　西洋占星術（命占）

あなたは西洋占星術を深く極めることができる人です。

一からはじめる場合、まずはホロスコープ作成ソフトを手に入れましょう。

誰でも知っている十二星座占いというイメージを持っていた人は、本当の西洋占星術の複雑さに驚くことになるでしょう。一つのホロスコープの中で、十二星座《サイン》と十二宮《ハウス》、さらに天空の星々の意味が、互いに相反する場合も少なくありません。

西洋占星術は、たくさんの解説書が出版されています。先生が直接教えてくれる教室も、全国にあります。通信教育もあります。自分にあった方法で、自分のペースで学んでいくことができます。

ホロスコープがかなでる交響楽が聞こえてくるようになったとき、あなたは立派な西洋占星術師になっていることでしょう。

一緒に使う卜占としては、同じ西洋神秘思想を背景に持つタロットや、イエスノーがはっきりとわかりやすいルーン占いなどがおすすめです。

3　タロット（卜占）

あなたはタロットの豊かなイマジネーションの世界を楽しむことができる人です。

タロットには、さまざまな種類があります。まずお気に入りのタロットを見つけるところからはじめましょう。数札がイラストになっているタイプのものが、初心者にも占いやすいでしょう。解説書がたくさんあるので独学で学ぶこともできます。タロット教室で学ぶこともできます。通信教育もあります。

実占経験をつむのが一番です。自分自身や家族、友達を占ってみましょう。

一緒に使う命占としては、タロットの数札の理解が深まる数秘術がおすすめです。

4　ダウジング（卜占）

あなたはダウジングによって、真実を知ることができる力を持っています。

ダウジング占いはシンプルな占いです。指輪と糸で占うことができて、特別な道具もいらず、難しい理論を学ぶ必要もありません。

ただし、占い師自身の直観が占い結果にダイレクトに反映される占いです。ダウジングの精度を高めようと思ったら、自分自身の生活を変えなくてはなりません。

瞑想をしたり、食事内容を見直したり、感覚をとぎすますことであなた自身の体と心を調整していくのです。

一緒に使う命占としては、西洋神秘思想を共有する数秘術や、独特の神話を持つマヤ占星術などがおすすめです。

空腹なほど、直観が当たりやすくなります。ですから食後すぐ満腹なときは使えません。

5　四柱推命（命占）

占いの帝王と言われる四柱推命を、あなたならマスターできるはずです。的中率が高くても、さまざまな要素があって判断が難しい占いです。覚えることもたくさんあります。

けれど、単純な占いでは得られない、大きな満足感を得ることができるでしょう。解説書があるので、独学で学ぶこともできます。命式のシステムを覚えたら、専門書を手に入れてさらに奥義を学んでいきましょう。五行の理解は欠かせません。

占い教室もあるので、習うこともできます。四柱推命の専門書に、教えてくれる教室が掲載されている場合が多いので、探してみましょう。

一緒に使う卜占としては、吉凶判断のしやすい五行易がおすすめです。納甲表《なっこうひょう》を覚える必要がありますが、五行の判断は四柱推命と一緒です。

総合的に判断できる四柱推命と、切れ味鋭い五行易を併用すれば、どんな質問にも答えることができるようになります。

6　九星気学（命占）

あなたは、九星気学を使って、占いを積極的に活用していける人です。

運勢占いとしての九星の基本はシンプルです。九種類の本命星が、運勢、相性、吉凶などすべての判断のもとになっています。

九星気学は方位学として使うことで、運命を積極的に改善していくことができます。

あなたが旅行好きなら、吉方位への旅行で実際に効果を確かめることができるでしょう。解説書で独学で学ぶこともできます。全国各地に教室もあります。通信教育で学ぶこともできます。

一緒に使う卜占としては、吉凶判断のしやすいダウジングがおすすめです。慣れれば、地図を使ってダウジングすることもできます。

7　易（卜占）

あなたは、東洋の英知と言われる易占を極めることができる人です。

易は、単純な問題から、天下国家の一大事まで、ありとあらゆるシチュエーションに使える占いです。六十四の卦さえ覚えれば、複雑な判断は必要ありません。

昔ながらの筮竹《ぜいちく》を使って占ってもいいし、簡単にコインの裏表で占うこともできます。教室もありますが、独学で十分学ぶことができます。最初はわかりやすい解説書を参考にするとよいでしょう。さらに五行について学び、易経の現代語訳も読めば、解釈に深みがでてきます。

一緒に使う命占としては、豊かなイメージ力を生かせる納音《なっちん》や宿曜占星術《しゅくようせんせいじゅつ》がおすすめです。根底にある五行の考え方も共通です。

8　手相（相術）

あなたは、優れた手相占い師になれる人です。

占いが癒しのコミュニケーションなら、手を取って占う手相は、もっとも効果的な占術と言えるでしょう。

各種の解説書があるので、独学で学ぶこともできますが、ひとりでも多くの人の手を、実際にみることが大事です。通える教室があるなら先生について学ぶ方がいいでしょう。

手相は、持って生まれた運命と今現在の状態を占う命占的要素が強い占いです。二つめの占術としては、卜占として使えるオラクルカードがおすすめです。命占の宿曜占星術《しゅくようせんせいじゅつ》や九星、納音《なっちん》を併用すればさらに的中度が高まります。占い教室で同時に学べる占術を選ぶのもいいでしょう。

第5章　占いを学ぶ方法

一番早く確実に占い師になるには

弟子入りのメリットとデメリット

昔は占いを学ぶには、占い師に弟子入りするしか方法がありませんでした。

でも、今はさまざまな占いの本が出版されていて、各地に占いのカルチャースクールも増えて、自分に合った学び方を選べるようになりました。

それぞれの学び方のメリットとデメリットはなんでしょうか？


まずは昔ながらの弟子入りです。

東洋系占術では特に、各流派ごとに師弟制度が普及しています。

一番早く確実に、占い師になれる方法ですが、具体的にどうすればいいのか分からないと思われるかもしれません。

まず、「師匠」を見つけましょう。占いの本の著者の先生や、直接占ってもらって弟子入りしたいと思った先生がいたら、とにかく連絡を取ってみましょう。

どうやって？

簡単です。まっとうな社会人としておかしくない方法で連絡すればいいのです。著書に連絡先が書いてあったら、手紙なりメールなりしてみましょう。はじめて連絡するのですから、きちんと丁寧な文章で、失礼のない内容で、弟子入りできるかどうか聞いてみましょう。郵送の場合、返信用封筒と切手を入れれば確実です。

先生によってさまざまな回答があるはずです。

教室で教えている先生の場合、教室を紹介されるというのが、一番ありそうなパターンです。通えればそれでいいし、遠距離の場合は、通信教育はあるのかどうか尋ねてみましょう。

一般募集していない、限られたメンバーでの勉強会に誘われるという可能性もあります。その場合、入会試験のようなものがあるかもしれません。

弟子になるといっても今は、住みこみで家事手伝いしながら、というのはあまりないようです。いろいろなパターンがありますので、直接先生に尋ねてみることです。

弟子は一切とっていない、という場合もあるでしょう。どうしてもあきらめられないなら、再度丁寧にお願いしてみるという方法もあります。熱意に負けて、弟子入りを許してくれるかもしれませんし、結果的に断られるとしても、手紙のやりとりから学べることがあるはずです。

以上が、社会人としておかしくない方法です。

先生の個人宅にいきなりおしかけたり、宛名も挨拶文も自己紹介もない用件のみのメールを送りつけたり、絶対弟子にしてくれとゴネたりするのは、まっとうな社会人として、やってはいけないことです。こんなこと、書かなくてもわかりますよね。

弟子入りすれば、確実に学ぶことができますし、開業のアドバイスももらえます。

仕事を紹介してもらえる場合もあります。先生ご自身が、占い事務所を経営していて、卒業後すぐに働ける場所がある場合もあります。

学びが仕事に直結しているのが、一番のメリットといえるでしょう。

デメリットとしては、場所とお金の問題があります。先生が近くにいればいいのですが、あまりに遠いと通うことができません。

そして意外とかなりお金がかかります。千差万別ですが、弟子になって学ぶことが多い東洋系占術だと、一つの占術をマスターするのに、何百万もかかる場合もあります。教則本も何千円もします。

何百万かかるとしても、一生できる仕事の技術を身につけることができて、さまざまな技術専門学校などと比べて本当に高いのかどうかは、一概には言えません。

最終的によかった、と思えるかどうかは、先生との個人的な相性によるところが大きいようです。それこそ、弟子入りすることの吉凶や相性を自分で占ってみて（あるいは先生に占ってもらって）判断するという方法もありでしょう。

占い学校のメリットとデメリット

次に確実なのが、教室で学ぶ方法です。

ひとりの先生の個人的な弟子になるのではなく、占い学校の生徒になるのです。

学校ですから、システムがわかりやすいのが一番のメリットです。

初級コース一年、中級コース半年などというふうに、卒業までの日数の予定も立ちます。金銭的にはそれなりにかかりますが、明朗会計で確実です。

通っている人に、評判を聞いてみることもできます。

弟子入りほど固い決意をもってのぞまなくても、とりあえずおためし気分で学校に通ってみることもできます。

学校によっては、卒業後のサポートがある場合もあります。全面的に仕事を世話してもらえるという期待は持たないほうがいいでしょう。でも、学校でできた人間関係は、のちのち必ず仕事の役に立ちます。ひとりで学ぶよりも、学校で学ぶ一番のメリットは、同じ占いを学ぶ人脈が作れることです。

デメリットとしては弟子入りと同じく、場所の問題があります。通える場所に学校があるとは限りません。

通わなくていい方法が通信教育です。

さまざまな占い学校が、通信教育を取り入れています。通信教育は、やる気さえあれば、教室で学ぶのと同様に、占いを学ぶことができます。

メリットとしては、自分のペースで学ぶことができる点が一番でしょう。

仕事を持ちながらでも、子育てをしながらでも、介護をしながらでも自宅で学ぶことができます。わからないことがあれば、先生に質問することができます。

デメリットとしてはモチベーションを維持することが難しい点と、人脈作りができないことがあげられるでしょう。できるだけ機会をみつけて、対面の一日講座などにでかけましょう。ともに学ぶだけでモチベーションもアップしますし、人脈を作ることもできます。

弟子入り、通学、通信教育に共通して言えることは、占術が限られているという点です。西洋東洋ともに、メジャーな占術なら問題ありません。あちらの学校かこちらの学校か、選ぶこともできるでしょう。けれど、マイナーな占術の場合はそうはいきません。その場合は、本などで独学するしかありません。

独学のメリットとデメリット

どこに住んでいて、どんな占術であっても、誰でも学べるというのが独学の一番の利点です。

昔に比べて今は、占いの本を手に入れることが、格段に簡単になりました。ネット書店で検索すれば、古今東西のさまざまな教本がいくらでも出てきます。海外の本も、過去に絶版になってしまった本も、ネット経由で手に入れることができます。

かつてないほど、独学で学ぶ環境が整った時代と言えるでしょう。

必要なのは、本と、占術の道具。そしてあなたのやる気だけです。

カードやサイコロ、ルーンストーンやダウジングロッドなどマニアックな占術の道具も、ネット通販で手に入れることができます。

洋書も、簡単に手に入れられるようになりました。カード占いなど、まだ日本語解説書がない占いも、洋書で学ぶことができます。

あなたのペースで、あなたのふところに相談しながら学んでいけばいいのです。

注意点がいくつかあります。

一つはインターネットの情報をそのままうのみにしないことです。ネットには、占い研究者が作った貴重な研究サイトと、素人の独断的な内容のサイトが入り混じっています。かならず複数の資料で調べることです。

今後出版をめぐる状況が変わっていく可能性は大きいのですがまだ当分は、少なくとも出版されている本のほうが信頼がおけるのは確かでしょう。

インターネットには、日本や海外の占い団体のサイトもあります。各種講座の案内などが参考になります。ネットは上手に使いましょう。

二つ目、教本は、違う著者の本を複数、手に入れましょう。インターネットと同じですが、優れた内容の本もあれば、偏った内容の本もあります。たくさん読むことで、間違いを最小限にすることができます。一冊の本を深く読みこなすことも大切ですが、独学でプロになりたいなら、同時にほかの本を読むこともそれ以上に大切です。

学んでいくうちに本によって、書いてあることが違うことに気づくでしょう。どちらかが間違っているわけでなくても、時代や研究者によってさまざまに異なった解釈方法があるのです。

以前、占い雑誌の質問コーナーに、こんな質問が載っていました。

『タロットカードの意味が本によってそれぞれ違っていました。全部の本の意味をまとめた究極の一冊はないのでしょうか？』

この質問の答えは、もうあなたには分かるはずです。そうです。全部の本をまとめた究極の一冊は、学ぶ人がそれぞれ自分で作るのです。というより、自分にしか作れないのです。あなたのノートが、あなたにとって最高の教科書になります。

実習の機会が少なくなりがちな点も、独学のデメリットです。自分を占うことも勉強ですが、人を占わないと、上手になりません。

無料で、ネットの掲示板やSNSサイトで占わせてもらうとよいでしょう。修行中の美容師も、無料でカットモデルの髪を切って練習します。くれぐれも、修行中だということを明言するのをお忘れなく。

そして独学の一番のデメリットは、マスターしたあとの仕事も、独力で探さなくてはならない点です。

この最大の問題をなんとかしたいと思ったのが、本書を書くことになったきっかけです。

占いを学ぶ本なら、西洋東洋、いろいろな種類のすばらしい本がたくさんあります。

でも、そうやって独学で学んで占いをマスターして、さあどうやって占い師になればいいのか書いてある本はないのです。実際、占いビジネスの指南書は何冊かあるのですが、女性向けの占い開業指南書は、一冊もありません。

本書が、独学で真面目に占いを学んできた人の、次のステップの助けになればと思います。

プロの占い師になる準備

実は、このごろの占い師全体のレベル低下は深刻な状況です。

開業の方法がわからないから、実力があるのに素人のままの人がいる一方で、修行中のレベルなのにお金を取って占っている人もいます。

占いしてもらいたいと思っているお客様だけでなく、占い師自身にとっても、決して歓迎できる状況ではありません。

あなたが占い好きで、いろいろな占い師にみてもらったことがあるなら、「本当に占い師？」と首をかしげたくなるような低レベルの占い師に会ったことがあるのではないでしょうか。

二十二枚の大アルカナだけしか使わないタロット占い師。太陽の十二星座だけで占う西洋占星術師。十二支だけで占う東洋占い師。陰陽五行を知らない東洋占い師に、生命の木を知らないカバラ占い師。それでも占い師になれるのです。

逆に知識さえあればいいというわけでもありません。

四柱推命や西洋占星術のような複雑な命占の場合、覚えることが山ほどあります。でも、知識《データ》をただ論理的に組み合わせればいいのなら、コンピューターのプログラムでいいはずです。

データを駆使する占術であっても、答えを導き出すのは占い師の直観です。

直観を働かせるためには、思考してはいけないのです。

自転車で走るときに、いちいち、足をふみこんで、手でバランスをとって……と考えないのと同じです。考えなくても使えるレベルにまで、覚えた知識を体にしみこませておかなければならないのです。


占い師は誰にでもなれる仕事ですが、ホンモノの占い師になるのは、やっぱり簡単ではないのです。

占い師の仕事の基本は、人を占うことです。

占いを趣味ではなく仕事にできるかどうか、それはつまり、あなたの占いにお金をはらってもいいと思える人がいるかにかかっています。

無料で占い練習をしているときに、「お礼させてください」と思う人があらわれたら、あなたはプロになれる人です。もし（やっぱり無料占いだから、こんなものか）と思われていたら、まだプロにはなれないレベルです。

もちろんプロになってからも、研鑽と学びはかかせません。

占い師には免許も資格もないので、わたしが占い師だということを保証してくれる人は誰もいません。

だからこそ、わたしは占い師として自覚とプライドと責任感を持っています。

「わたしは占い師です」と自信を持って言えるかどうか？

これからプロになろうと思うあなたにも、自分自身に尋ねてみて欲しいのです。

二つ以上の占術をマスターして、占い師として自覚とプライドと責任感を持っていると思えたら、占い師になる準備は整ったといえるでしょう。

占い道具の取り扱い方

ところで、占いを勉強するとき、占いの道具をどう取り扱えばいいのか、迷うことがあるかもしれません。

占いの道具……たとえば使わなくなったタロットを処分するとき、無造作にゴミ箱に捨てたりすると呪われるなどという話を聞いたことがありませんか？

実際には、カードなどの占い道具が特別な力を持っているとか、何かの念がこもっているとか、そんなことはありません。

だから、汚れて折れたカードを使っていても、ぽいと捨てても呪われることなどありません。たとえカードに鼻水を垂らしても別にかまわないはずなのです。

ただのカードなのですから。

でも。

人は、謝罪の電話をかけるとき、必ず電話口に向かって頭を下げているのはなぜでしょうか？　わたしは子供の時からずっと不思議に思っていました。

どうせ相手には見えないのに。頭を下げても意味がないのに。

そこで大人になったある日、わたしは、イスにふんぞり返って、足をテーブルにのせて謝罪の電話をしてみました。でも、自然と頭はたれてきて、背中が丸まってきて気づいたら、受話器に話しながら、誰もいない空間に向かってぺこぺこと頭を下げていました。

ふんぞり返って、心から謝ることは（不可能ではないにしても）とても難しいのです。

型には意味が宿ります。

どうせなら、簡単な方法にしましょう。

呪いも祟りも関係ありません。

占い道具を大切に取り扱えば、アイテムはあなたの想いに応えてくれます。占いが当たるようになるでしょう。

自分のバットやグラブを大切にしない野球選手がいるでしょうか。一流料理人だったら、包丁も鍋も大事に扱うでしょう。

実際、占い師も、自分の占い道具を大切に取り扱っています。

決まった作法はありませんが、タロットカードは木の箱に入れたり、綺麗な布袋に入れたりしてしまっています。処分するときは白い紙に包んで捨てる場合もあります。

ちなみにわたしはいつも使っているトートタロットを、スヌーピーの布袋に入れています。

魔術師のタロットとポップなスヌーピー模様は、見た目、微妙な組み合わせです。でも実はこの布袋は、わたしがまだ占いのアマチュアだったとき、インターネットの占い掲示板で射覆《せきふ》（隠したものを占いで当てること）をして、見事当てた賞品なのです。だから、わたしにとっては最強の組み合わせなのです。

これから占いを学ぶなかで、あなたも、自分なりの方法を見つけていくことになるでしょう。先生に習っていても、独学で勉強しても、最終的には「自分の占い」を見つけられるのが、プロになれる人です。

では、いよいよ次の章が、占い師として開業する方法です。

そういえばどうやって占い師になったんだろう？

天羽リサ

タロットは独学で、インド占星術は教室に通って今でも勉強しているけど、いつのまにか占い関連だけでご飯を食べている。

最初は中学二年のときに、解説書付きのタロットを買って修学旅行に持っていき、クラスの女子全員を相手に、いきなり他人を占ったのが始まりだ。怖いもの知らずにも程があるってもんだが、けっこう当たってた。

その後は西洋占星術の本を買って自分のホロスコープを手計算で出したり、十円玉で易を立てたりしてた、つまりただの占い好き。就職活動中の友達の合否をタロットで全部当てたときは、ちょっとプロになれそうと思った程度だ。

初めて占いでお金をいただいたのは三三歳。タロットで友達の占いをしたら、喜んでお金を払ってくれたのだ。いくらだか覚えてないけど、こんなことでもらっちゃって良いのかな……と思ったことは覚えてる。タロットは誰が出しても当たるから。

子供がまだ小さくて、パートの面接さえも受けさせてもらえないときに見つけたのが電話占い師。自宅で好きな時間にできて単価が高い。私に出来るのってこれしかないんじゃない?と、消去法で占い師の道に。神秘のカケラもないですね。

その後、WEB占いの仕事をやりませんか、と声をかけていただき原稿書きを

天羽リザプロフィール

タロットとインド占星術をメインに活動中。タロットでは相手の心を読むことが得意。インド占星術ではナバムシャから結婚相手を読み取る研究中。WEB占いでインド占星術のコンテンツを担当している。

始め、企画やりませんかと言われて作るようになり、顔出ししませんかと言われて出したけど、自分から売り込んだことはない。人見知りだから。営業コワイ。目の前にある仕事を一所懸命やってたら、多分どの業界でも十年ぐらいでモノになるんじゃないのかな。

けどインド占星術で自分のホロスコープを見たときガクゼンとした。仕事のハウスにはオカルトに関連するハウスの支配星がキラキラ高揚、執筆に関連するハウスには文章能力に関連する惑星が入っていた。すごいと言うより「こんなニッチな仕事がホロスコープで出てたのか……」ということに驚いた。また若いときはラーフ期で、仕事も定まらない時期だった。成り行きで占い師になったと思っていたけど、これもカルマだったらしい。

前世を見てもらったことが何回かあって「魔女で火あぶりになってますよ、二回ほど」「呪術師の娘でした」「ジプシーの長で予言して回ってます」「吟遊詩人やって旅してる」「ピラミッド一緒に作ったじゃない、念力で——」

……すごく偏った業界に何度も生まれ変わってたみたいで、今生もこんなことやってる進歩のない私だけど、お客様から「ありがとう」と言われると、占い師やってて良かったなと思うのよ。

第6章　開業する方法

避けて通れないお金の話

あなたも今日から占い師

実は、開業する方法は、びっくりするくらい簡単です。

「占い師名を決めて、名刺を作る」

それだけです。

資格も免許もいらない仕事ですから、自分で名乗るだけでいいのです。

名乗るためには占い師としての名前が必要です。本名でもかまいませんが、呼びやすく覚えやすい、占い師っぽい名前のほうがなにかと便利です。名刺には得意な占術も入れましょう。

これでもう、あなたは今日から占い師です。

ところで。

どこからどうやってお金が入ってくるのでしょうか?

占い師の仕事の基本は、人を占うことです。

あなたのお友達が遊びに来たときに、五百円で占ってあげたとします。それも占い師としての仕事です。でもそれだけでは食べてはいけませんね。

占い師として開業することと、占い師としてお金を得ることは別の話です。さらに、占い師としてお金を得ることと、たくさん儲けることができるかどうかというのもまた別の話です。

年収ゼロ円の占い師もいれば、何億円も稼ぐ占い師もいます。

こんな極端な話をしたのは、占い師という職業だけで、だいたい年収このくらい、と推定することはできないと分かっていただきたかったからです。

まったく宣伝もせず口コミだけでこぢんまりと占っている占い師がいます。一方、テレビや著書やセミナーで派手に活躍し、巨額の収入を得ている占い師もいます。

占い師はみんな、個人事業主です。

SOHO（小規模個人事業主）がイメージ的には近いかもしれません。個人でウェブデザイナーやエディターの仕事をしている人たちのなかには、事務所を構えて数億の年収を得ている事業主もいれば、パソコン一台で副業的に仕事をしている場合もあるでしょう。

占い師として開業するだけでは、一円も得ることはできませんが、さまざまな工夫や努力で、平均的なOL以上の年収を得ることも十分可能です。

占い師で成功できる人

第1章の物語でご紹介したように、占いでお金を得る方法は一つではありません。占いを教えたり、占い原稿を書く仕事をしている占い師もいます。

これからいろいろな、占い師の仕事をご紹介していきますが、占い師が個人事業主だということは常に頭に置いておいて欲しいと思います。

誰かがお給料をくれるわけではないのです。

昔、占い師が公務員だった時代がありました。平安時代の占い師、安倍晴明は都の陰陽寮に勤める公務員でした。

今、公務員の占い師はいませんし、会社員の占い師もめったにいないでしょう（ごくまれに、占い事務所の社員になる場合もあります）。

占い師はみな、自分で自分の仕事を探して、クリエイトして生活していく個人事業主なのです。

そういう意味では、占い師という仕事で成功できる人は、起業家や事業主として成功できる人とも言えるでしょう。

起業家に必要な要素とは、なんでしょうか？

待っていてもお金が入ってくるわけではありません。自分からチャンスを取りに行く積極性が必要です。

それから人間関係をひろげていく力。あなたと仕事をつないでくれるのは、データや情報ではなく、必ず生身の「人間」です。

さらに時勢を先読みする力。試行錯誤しながら、工夫していく力。困難があってもくじけず、へこたれない力も必要でしょう。

あなたは、自分はそんな力持っていない、と思うかもしれません。

心配いりません。

起業家としての力をすべてまんべんなく持っていたら、本書を読む必要もありません。

飛び抜けた能力がなくても、本書の情報をうまく生かせば、占い師として仕事をして生活していくことは十分できます。さらにその上を目指そうと思うときは、占いの本ではなく、ビジネス書を読んで勉強することになるでしょう。

お金儲けが目的になると

占いは、いろいろなものと結びついてビジネスになる可能性があります。占い×喫茶は存在しますが、占い×フィットネスクラブは聞いたことがありません。占い×美容サロン、風水占い×旅行、占い×音楽のコラボは、どうでしょうか？　今はまだ仕事になっていなくても、いつかどこかで、あなたがそんな仕事を作り出すことになるかもしれません。

何を目指して、どこまで進んでいくかは、もちろん、あなた次第です。

と、夢が広がったところで、水を差すようですが、大事なことをお伝えしておかなくてはなりません。お金儲けが目的になると、なぜか不思議なことに、占いが外れるようになります。

いえ、決してお金を稼ぐことが悪いことだと言っているわけではないのです。占い師だって、かすみを食べて生きているわけではありません。健全な経済活動は、生きていくために絶対に必要なことです。

お金でなんでも買えるとは思いませんが、わたしだって、お金がたくさんあったら、もちろん嬉しいです。

お金を稼ぐことが良い悪いという話ではないのです。

もっと別の次元の話です。

たぶんおそらく、お金を多く稼ぐための脳のはたらきと、占いをするための頭の能力は、相反するものなのです。

占いを当てるためには、抽象的な言い方で申しわけないのですが、心と精神を開くことが必要です。未来や遠方の情報にアクセスするために、自分というひとりの人間の限界をなくして、どこまでも広がっていくのです。そのためには、常識や善悪やこの世の世界の基準をすべていったん手放さなくてはなりません。

常識や善悪をコントロールする、いわゆる「自我意識」は、脳の前頭葉にあるとされています。

ユングの弟子だったマリー・フランツ博士は著書『偶然の一致の心理学』(たま出版)の中で、絶対的知識とつながるためには、意識レベルの低下が必要だと述べています。自我意識がライトのようにこうこうと明るく輝いていては、ろうそくの光のようにかすかな絶対的知識は見えません。

自我意識が弱まれば、当然、善悪のコントロールをする力も弱まります。

いわばその「正気をなくした」状態に、自由にいつでもなれるのが占い師なのです。

現実という縛りから抜け出すために、自由に関節を外せるマジシャンのようなものです。

ただ、いつでもすぐに外せる関節は、どうしても外れやすくなりがちで、ときには、外れっぱなしになってしまうこともあります。職業病のようなものでしょうか。

一方、お金を稼ぐには現実的な損得勘定、経済観念、冷静な判断力など、自我意識の高度なコントロールが必要です。そういった現実対応能力を発達させすぎると、自由に関節が外せなくなって……たぶん占いが当たらなくなるのです。

占いで幸せになってほしい

古来、占いは「ふたり一組」でするものでした。

神がかり状態になって占う「占い師」と、占い師の言葉を翻訳して皆に伝える＝審神者《さにわ》役の人物と。

その場合、占い師は、現実対応能力ゼロで、社会人として不適応でもいいわけです。審神者が、生活の面倒も、占いの仕事のマネージメントもすべてしてくれるからです。

もちろん、審神者には占い能力は一切必要ありません。

審神者＝優秀なマネージャーがいれば、世間知らずの占い師でも、トラブルなく仕事をこなして、金持ちになれるのです。

では、ひとりで仕事をしている占い師は、どうやっても金持ちにはなれないのでしょうか？

どうぞ、ご心配なく。「お金を儲けることが目的」にならなければいいのです。

結果的にお金を得ることができればいいのです。

起業家や事業主も、お金を儲けることを目的としている人より、自分の好きなことに熱中してがむしゃらに働いてきたら、結果的にお金持ちになっていたという人のほうが多いものです。

だから、占いでどうやって儲けるか？と考えるのではなく、占いをどうやって仕事に結びつけられるか？を考えてみましょう。

そもそも、占いは、商品の売り買いで儲ける仕事ではありません。人の悩みや苦しみに関わる仕事です。

占ってもらいたいと思うのは、悩んだり苦しんだりしているときです。

占い師が商売繁盛を願うのは、お寺が商売繁盛を願ったり、病院が商売繁盛を願ったりするのと同じくらい、違和感があります。

たとえば、占いの依頼のリピーターを増やすのに、手っ取り早い方法があります。

相談者を、占い依存症にしてしまうことです。

占い依存症になった相談者は、もはや自分で判断することができず、ちょっとしたことでもすぐ占い師に頼ろうとします。

商品を売る仕事の場合は、熱狂的なファンとして歓迎すべき存在かもしれませんが、占いの場合は、悩みが解消して「占いが必要なくなる」のが喜ばしいことなのです。

占い師は誰かの涙でご飯を食べる仕事なのだと常に自覚していれば、占いの仕事で「お金を儲けることが目的」には決してならないはずです。

人の悩みや苦しみが完全になくなることはないでしょう。

占いという仕事も、この先なくなることはないでしょう。

占いを求める人に満足してもらえる占いを届けたい、より多くの人に占いを楽しんで欲しい、占いで幸せになってもらいたい、そのために占いの仕事の可能性をひろげていきたいと願うなら、結果的に必要十分なお金を得ることができるようになるはずです。

占い師は清貧でいるべきだとも思いませんし、占いは趣味や金持ちの道楽で、ちゃんとした職業じゃないとも思いません。

占い師という仕事は、自立して生活していける職業です。

困っている人の力になれて、感謝される仕事です。

さまざまな方面に応用できる、創造性の高いクリエイティブな仕事です。

結婚や子育てでキャリアを中断しても、いつでもリターン可能な仕事です。状況に合わせて、パートやアルバイト的に働くこともできます。

そして工夫次第で、豊かになれる仕事です。

占いが好きで、ずっと占いに関わっていきたいと思う人が「職業占い師になりたい」と思う気持ちを、応援したいと思います。

次の章では、占い師として、どんな仕事があるのか具体的にみていくことにしましょう。

第7章　占いの仕事あれこれ

テレビにでるだけが占い師じゃない

新人占い師にオススメな方法

占いの技術を生かしてできる仕事は、占い鑑定だけではありません。

出張占いやセミナー講師など、さまざまな仕事があります。

メール鑑定は手軽にはじめられますが手間がかかるわりに低料金です。温泉地での出張占いは、料金的にはいまひとつでも、温泉に入れるメリットがあります。

それぞれにメリットデメリットがあり、違った魅力があり、向き不向きがあります。

第6章でお話したように、個人事業主である占い師は、当然のことながら、複数の仕事を平行してこなしています。

これから占い師として開業しようと思っている人にも、また、すでに占い師として仕事をしていて、もっと仕事の場を広げたいと思っている人にも参考にしていただけるように、具体的にいろいろな仕事を見ていきましょう。


なんといっても占いの仕事の基本は、占い鑑定です。

占って、その代金としてお金を得る。一番シンプルでわかりやすい仕事です。

メール、電話、対面鑑定など、いろいろな方法があります。

たとえば新人占い師のあなたが、対面鑑定したいと思ったとします。

一番手軽で確実なのは、各地の占い館で雇ってもらうことです。つまり、アルバイト占い師になるのです。占い館の求人は、ネットのサイトや新聞、広告などで見つけることができます。

応募の仕方は、普通の仕事と変わりません。電話して連絡を取り、写真を貼った履歴書を作って面接に行きます。

時給形式のところもありますが、相談者ひとりあたりいくら、という歩合制である場合が多いようです。歩合制の場合、たとえば相談者が払った金額のうち、四割が占い師の取り分というような形になります。

営業時間は店によって違いますが、たいていの場合、夜遅い方が来店者が多いので、勤務時間も夜が中心になるでしょう。

近くに占い館がない場合は、電話鑑定会社に登録するのが、確実です。

応募方法や面接は、占い館の場合とかわりません。なかには面接も書類審査もない鑑定会社もありますが、入りやすいところほど、いろいろな問題があるのはどこの業界でも一緒です。

電話鑑定会社が電話を転送してくれるので、相談者に自宅電話番号を知られずに占い鑑定をすることができます。

電話鑑定は完全歩合制です。何時間待機していても、鑑定電話がこなければ取り分は○円です。

メール鑑定も、会社に所属する場合、同じような流れになります。

やはり歩合制で、一回の回答が何文字で、いくらということになります。かなり安い場合が多いようです。

テレビ電話鑑定、ネット対面鑑定や、チャット占いも同様です。

会社に所属することの最大のメリットは、不特定多数に向けて住所や電話番号などの個人情報を公表しなくてすむことでしょう。たとえば副業禁止の会社につとめていても、占い師名で仕事することができます。

同じく大きなメリットは、継続して仕事をすることができるところです。繁盛している占い館、占い鑑定会社なら、つぎつぎと鑑定依頼が入ってきます。文字通り、あなたは座って待っているだけで、仕事することができます。

電話やメール鑑定の場合、料金回収できるかどうかも大きな問題です。会社に所属していれば、そういう心配もありません。

他の占い師と会う機会ができるのもメリットと言えるでしょう。会社によっては勉強会や懇親会があったりする場合もあります。

複数の会社に所属している占い師も多くいます。

違う会社に入ってみると、いろいろ裏側が見えてきます。

あなたが新人占い師で、これから開業しようと思っているなら、まずは占い館か電話、メール鑑定会社に登録してみることをおすすめします。

占いを仕事にする、一番簡単で楽な方法だからです。

デメリットとしては、相談者が払う金額と自分が受け取る金額に大きな差があることでしょう。占い会社に所属する占い師の多くが、そう思って、独立していきます。

会社に所属しない占い師の場合

占い会社に所属せず、占い師個人で、鑑定依頼を受けたい場合はどうすればいいのでしょうか？対面鑑定をするなら、まず鑑定する場所が必要です。

一番手軽なのは、喫茶店です。静かでテーブルが広ければカード占いもできます。相談者に事前に、飲み物代は自己負担で別料金と告げておきましょう。

ＳＯＨＯ向け貸し事務所などのように、鑑定のための貸しスペースを借りるという方法もあります。東京都内だと、フリーのネイリストやメイクアップアーチスト向けに、小さなスペースを貸し出すサービスがあり、占いにも使えます。

喫茶店やレストランなどの片隅を借りたり、自宅の一室を鑑定ルームにしている占い師もいます。対面でなく、電話やメールでの鑑定なら特別な鑑定ルームがなくても自宅で可能です。

会社に所属しない場合の一番の問題は、広告です。あなたが占い師として鑑定を受けていることをたくさんの人に知ってもらうために、インターネット、チラシ、雑誌やサイトの有料広告など、いろいろな方法が考えられます。口コミで相談者が増えていくのが理想ですが、最低限の告知と広告は必要です。

受付窓口は、電話、メール、ファックスなど複数用意しましょう。常時鑑定依頼が入るようになったら、二十四時間電話受け付けしてくれるサービスを利用するのもいいでしょう。

鑑定費用は、もちろん占い師が自由に決めることができます。高すぎれば依頼が来ませんし、安すぎると信頼できない安っぽい占いだと思われてしまうことになります。

一時間一万円程度で、占っている場合が多いようです。

出張占いや、企業からの依頼は割り増し、学生の場合は割引ありなど、料金設定も工夫しましょう。当然、領収書も必要です。

相談者へのアフターサービスに力を入れている占い師も多くいます。

その後をたずねるメールや、割引サービスのハガキを出したり、メールマガジンを発行したり、いろいろな方法があります。

占い会社に所属しながら同時に、個人で鑑定依頼受け付けすることもできます。

ただしその場合は当然のことながら、占い会社の相談者に、個人鑑定の勧誘をしてはいけません。占い会社によっては、即、クビにされてしまいます。気をつけましょう。

占い依頼を劇的に増やす妙薬はありませんが、地味なようで意外と一番効果的なのは、同じ名前で、決まった場所（受付窓口）で長く、続けることです。

何年もたってから、「あの占い師さんにまたみてほしい」と訪れる相談者も、少なくないのです。

各種団体から派遣される占い師

デパートや駅ビルのブースにいる占い師はすべて、占い師派遣会社や占い団体から派遣されてきています。

占い師派遣会社に入る方法は、占い館や電話鑑定会社と同じです。

占い団体の場合は、外部からの募集を受け付けていない場合もあります。占い師の先生のお弟子さんが集まった団体や、占い学校の卒業生の団体などです。前の章でお話した通り、弟子になったり占い学校で学んだりすると、卒業後自動的に占い団体に入会できて仕事につながるというメリットがあるのです。

占い師派遣会社や団体から派遣されて、イベント会場で占うこともあります。

宝飾品販売イベントや、企業のセミナー会場の片隅に占いコーナーがもうけられていたりするのを見たことがないでしょうか。参加者へのサービスとして、占いが利用されているのです。

イベントの場合、一日いくらという日給になる場合も、歩合給のこともあります。

個人的なつてでイベント占いにかり出されることもあります。

わたしもイベント会場で占うことがありますが、通常の対面鑑定とはまた雰囲気が違います。相談者は悩みがあって占いに来ているのではなく、イベントのおまけとして占ってもらっているからです。はじめて占ってもらうという方も多いので、占い結果の説明など専門的になりすぎないよう気をつけています。

占い師派遣会社の仕事には、温泉に三泊四日で出張占いなどというのもあります。日給、歩合給いろいろです。

SNSの占いコミュニティに仕事情報が掲載されている場合もあります。温泉までの交通費と宿泊費、食費を出すかわりに、無給という仕事がありましたが、すぐに応募者が見つかったようです。

このような仕事は不定期で、いつ入ってくるかわかりません。

占い師同士の情報網と人脈が役立ちます。

繁華街の路地で小さなテーブルを置いて占っているのは、占い団体所属の場合と、個人で占っている場合があります。

東洋系の占いの場合は、占い団体に所属している場合が多いようです。その場合、テーブル、イス、看板もちゃんと用意されています。占う場所も決まっているので、トラブルを心配する必要もありません。

一方、個人で占う場合、まず道具を自分で準備しなくてはなりません。折りたたみテーブルとイス、暗い場所で占うのですから照明も必要です。

さらに街占《がいせん》の場合、衣装が重要です。

電話やインターネットで受け付けして占う鑑定の場合、広告やネットのサイトが看板になります。けれど、街占は、占っているあなた自身が広告看板なのです。

スーツでいれば、ビジネス系占いが得意そうに見えますし、ジプシー風衣装なら神秘的要素が強くなります。万人に共通の正解はありません。

わたしは昔、どうして占い師は怪しげなヘンな格好をしているんだろう、と思っていました。別に、普通の服でいいのに、と。

今はわかります。

わざと、ぱっと見て占い師とわかる格好をしているのです。

あなたがどんな占いが得意で、どんな占い師なのか、占い師としてのコンセプトを衣装で表現しているのです。もちろん、「一見、まったく普通の格好をしているけど実は占い師」というひねりをきかせたコンセプトもありでしょう。あなたが希望するプランにそって、あなた自身をプロデュースすればいいのです。

ただし電車で通う場合、あまり妙な格好もできません。たたんでしまえるスカーフやかぶりものがあると便利です。

占いマーケットは玉石混淆

直接鑑定には、占いマーケットに出店するという方法もあります。

スピリチュアルマーケット、癒しフェアなどのイベントが全国各地の会場で毎月のように開催されています。

サイトを見れば、日時、参加方法、出店料などが掲載されています。

出店料はそのイベントによって違いますが、占いができるひとり用ブースだと一万五千円程度からあるようです。そのほかに、イスやテーブルなどのレンタル料もかかります。

鑑定料金は、お試し占いが千円、四柱推命や西洋占星術で三千円程度に設定している場合が多いようです。

多くの出店者が、自分のお店やサイトを持っているので、宣伝告知の意味合いも大きいようです。占い以外のイベントと違って、占い好きなお客さんがくるので、効果的に宣伝することができます。

あるいは数人で共同出店するという方法もあります。占い師、パワーストーンアーティスト、癒し系環境音楽作曲家など、違う分野で協力するのもいいでしょう。あなたが持っている人脈を生かせるチャンスです。

占いマーケットに出店しているのは、占い師だけではありません。アロマショップやオーラソーマ、チャネリング、ヒーリングマッサージなど、ありとあらゆる占い癒しオカルト系の見本市になっています。

内容もレベルも、ピンからキリまで玉石混淆さまざまです。

まずは一度、見に行ってみるとよいでしょう。

あなた自身の、占い鑑定以外の技術を生かすこともできます。

たとえば、イラストが描けるなら星座別開運ポストカード。ビーズ作りが得意なら五行カラー別パワーストーンを使った開運アクセサリー。縫い物ができるなら開運マスコット。アロマソープやロウソク作りを利用した開運グッズなどなど。占いを生かして、開運グッズを作って売ることができます。

占い師自身が、占い結果に合わせておすすめする点が、単なる開運グッズショップと違う点です。

こういうグッズの場合、付加価値には決まった値段がありません。だからいくらでも高額に設定することができますが、真面目で堅実な占い師を目指すなら、「グッズで儲けよう」とは思わないほうがいいでしょう。宣伝、サービスとしてなら、ありだと思います。

以上、占い師の本業の占い鑑定をするにも、各種さまざまな方法があります。

どこで鑑定する場合も、相談者を増やすにはやはり長く続けることが一番効果的です。それぞれの鑑定方法に向き不向きがあります。いろいろ試してみて、あなたに合った方法を探していくといいでしょう。

占いライターに求められる資質

次に、大きな収入源になるのが、占い関連の原稿執筆の仕事です。

占い原稿と聞くと、書店の占いコーナーの占い本を思い浮かべる方も多いでしょう。占い専門雑誌もありますし、たいていの雑誌には毎月の占いが載っています。

けれど占い本も、雑誌の毎月の占いも、有名占い師がほとんどです。

わたしも出版社に占い本の持ち込みをしたことがありますが、占い師としての知名度がないからと断られてしまいました。無名占い師がいきなり占いの本を出そうと思っても、難しいでしょう。

単行本より雑誌、雑誌よりフリーペーパーのほうが、掲載してもらえる可能性が高くなります。

毎月の占い原稿を書きたいなら、フリーペーパーが狙い目です。全国各地にさまざまなフリーペーパーがあります。原稿料は期待できませんが、毎月の占い原稿を連載できるようになれば、次の営業に行くときの実績になります。

営業の仕方は簡単です。毎月の占いが載っていないフリーペーパーをまず手に入れ、編集部に電話をかけて会いに行くのです。電話のかけ方や訪問のマナーは、一般社会人と同じです。占い師だからとあやしい雰囲気をかもしだす必要はありません。

持って行くものは、自分の占いの道具と、毎月の占いを書いた見本です。たとえば十二星座なら、各星座、百字~二百字程度で書いたものを、数か月分用意します。

雑誌に掲載されたりした実績があればそれも持っていきます。

残念ながら、断られてしまう場合が少なくありません。

そういう場合は、そこからが工夫と粘りの見せ所です。

一度営業に行った編集部に、毎月の占いを勝手に送るのです。毎月きっちり同じ字数で書いた原稿が同じ日にちに届くようにしましょう。それを数か月続けると反応が返ってくる場合があります。毎月欠かさず送るのがポイントです。送ったり送らなかったりするくらいなら、送らない方がましです。可能なら、毎月ではなく毎週でもいいでしょう。

編集者としては、一定レベルの原稿を締め切りまでにきちんと書ける人を必要としているわけです。ご縁があれば、依頼が来るようになります。

紙媒体以外の、インターネットサイトの毎月毎週の占いや、メールマガジンでの占いも同様です。紙媒体よりは単価も安くなります。

毎月の占いを連載する一番のメリットは、「占い師〇〇」という名前を出せるところです。

ところで、無名占い師が無記名のまま大量の原稿を書いている媒体があります。

携帯やネットの占いです。

携帯やネットでは、生年月日などの情報を入力すると占い結果が出てきます。

たとえば、二百字の十二星座占いなら、回答文は十二種類用意しなくてはなりません。二十二枚のタロット占いなら、回答パターンは二十二種類です。

実際に表示される回答の十倍も二十倍も、回答文は用意されているわけです。もちろん占いによってロジックはまったく違うので、数種類の回答しかない場合もあります。わたしが書いたなかで一番多かったのは、一つの質問に八十四種類の回答が用意されていました。占い専門雑誌でも、これほど多くの占い回答パターンが載っていることはめったにないでしょう。

有名占い師の占いサイトであっても、その有名占い師がひとりですべての原稿を書いているわけではありません。有名占い師はライターではなく、監修者なのです。

大量の占い回答原稿を書いているのは、無名占い師と、ライターです。

あなたが占い好きで、占いサイトをよく見ているならおわかりでしょう。携帯やネットの占いは毎月、毎週更新されています。新しい占いがどんどんでてきます。

それだけ、占い原稿もたくさん必要なのです。

ただし原稿料は、雑誌や本と比べるとかなり安価です。

携帯やネットの占い原稿を書いているのは、占い師だけではありません。

実は圧倒的に占い師ではなく、ライターが書いている場合が多いのです。占い師でなくても、マニュアル通りに書けば、それらしく書けてしまうのです。

そんななかでも、占い師として良質の原稿を書き続けていけば、次の展開もありえます。

この仕事のメリットとしては、仕事量が多いことと、自宅で作業できることがあげられるでしょう。原稿のやりとりはすべてメール添付です。

占いライター募集の求人を、ネットで見かけることもありますが、知り合いから誘われてという場合も多いようです。

わたし自身は、ネットで求人を見つけてメールで応募し、採用されて占いライターを始めました。

占いライターに向いているのは、決まった短いフォーマットでいろいろなバリエーションの文章を書ける人です。わたしはつい語りすぎて長くなってしまうタイプなので、決まった文字数に抑えるのに苦労しています。

電子出版を含む、電子媒体での占い需要はますます大きくなっていくでしょう。

なりたい職業に「占い師」が入る日

無名占い師でも、自分の占いサイト（コンテンツ）を持つことができます。

占いコンテンツ提供会社に、自分の企画を持ちこむのです。

ただし、そのためには、斬新でおもしろい新企画が必要です。

タロットも占星術もすでにたくさんの占いサイトがあります。今までの焼き直しや二番煎じの企画では通りません。

でも、あなたが、今までになかった占いの使い方（対話ゲーム形式ですすめていく占いコンテンツが最近人気です）、他と違った解釈方法（東洋占いをリニューアルした動物占いも流行りましたね）、あるいはまったく新しい占いを考案したのなら、持ちこんでみる価値はあります。

コネがあるからという理由で、企画が採用されることはありません。

採用されるかどうかは「アイデア」次第です。


そして、占いの勉強を長年続けていれば、占いの講師になることもできます。

講師には、占い師としての派手さや独自性は必要ありません。別にカリスマ性だってなくていいのです。真面目に地道に占いを勉強し研究してきた人に向いています。

今、占いを学びたい人がかつてないほど増えています。各地に占い学校ができて年月が経ち、占い学校の卒業生が母校で教えるケースも増えています。

もちろん独学で占いを学んだ場合も、講師になるチャンスはあります。

カルチャー教室に、占い講座の企画を持ちこむのです。

占いの専門学校ではなく、一般の人向けのカルチャー教室ですから、あまり専門的でなく、占いの初歩や、占いの楽しさを伝えられる講座が望ましいでしょう。

ただやはり、なんらかの「アピールポイント」は欲しいところです。「英国帰りの占星術師による、英国仕込みの占星術教室」とか、「北欧神話で深める、ルーン占い講座」とか、「生まれ時間別、子供の才能を伸ばす占星術講座」とか。生徒さんが講座で学ぶことでどんなメリットがあるのかがアピールポイントになるでしょう。

カリキュラムを作成し、教材や、資料も用意しておきます。

人に教えることがまた、あなた自身の勉強にもなります。

まだまだほかにも占いの仕事はあります。

占いを生かしてタレント業をしている人もいます。

人と会うのが好きな人、自分をもっとアピールしたい人に向いています。

お笑い芸人から手相鑑定芸人に転身した島田秀平さんが引っ張りだこの人気です。手相鑑定士なら流行すたりに関係なく今後もずっと長く続けていくことができます。そういえば元棋士の林葉直子さんも占い師になっています。

人をプロデュースするのが好きなら、ゆくゆくは占い事務所の経営者になるという選択もありでしょう。職業柄、占い師は、デリケートで変わった人が多いのです。個性の強い占い師をまとめていくのは大変でしょうが、それだけにやりがいもあるでしょう。

ただでさえあやしくうさんくさく思われがちな占い業界を、颯爽とさわやかに変えてくれるような、占い師出身の凄腕の経営者があらわれてくれることを期待したいと思います。

占いという職業は、非常に古くからある仕事です。それこそ、まだ文字のない歴史以前の時代にも占い師はいたでしょう。

卑弥呼の時代も安倍晴明の時代も、占い師は社会的にも政治的にも重要な仕事でした。

それから長いこと、占い師は表に出ることはなくなり、けれど政治や経済の裏側に常に存在してきました。

今、お茶の間でテレビの占いが毎日流れています。

占い師特集番組も人気です。

占い師という仕事が、これほど表に出てきた時代は、久しぶりではないかと思います。

政治や陰謀に利用されることなく、個人のひとりひとりの幸せのために占うことができる幸せな時代に、占い師としていられることは、本当にありがたいことだと思っています。

いつか、子供がなりたい職業のランキングに、「占い師」が入る日が来るかもしれません。

第8章　いまの職業に占いを生かす

すべての仕事に占いは生かせる

占いが生かせる仕事

仕事をしながら占いの勉強をされている方がたくさんいます。そして、占い師としてデビューしてからも、収入が安定するまで兼業している場合がほとんどです。

勉強途中の段階で、あるいは兼業しているときでも、占いを生かす方法があります。

占いを仕事として考えたとき、他のさまざまな仕事と組み合わせることができるというところに、実は大きな特徴があります。

第7章では、占い師単体としてのさまざまな仕事を見てきましたが、占い師でなくても、占いの技術を仕事に使うことができます。

占いは究極の人間観察術です。

人間相手の仕事なら、どんな仕事でも、占いを使えるチャンスがあります。たとえコンピューター入力や経理など、人間相手ではない仕事でも、同僚とうまくやっていけるかどうかは、快適に仕事できるかどうかに関わってきますから、結局のところ、すべての仕事に占いを生かせると言えるでしょう。

まずは占いを直接使えるのが、営業の仕事です。

何のどんな営業であっても、相手の名前を知るところからはじまります。家や会社を訪問したり、名刺を交換するとき、名前に注目してみましょう。

そうです。姓名判断を使うのです。

末尾が「一」の自己主張が強いタイプの顧客には、ほめて気分を良くしてから商談に入ります。末尾が「八」の現実的なタイプには、今までの取引や仕事の実績を準備して信用してもらいます。末尾だけの簡略化した姓名判断でも、そのくらいの参考にはなります。

もちろん会社名で占うこともできます。

名刺をもらって整理しておくとき、あいうえお順に並べるのではなく、画数順に並べてみると、新しい発見があるかもしれません。

誕生日を知ることができる仕事なら、占星術や四柱推命などの命占が使えます。

生命保険の営業では以前からすでに、占いが利用されています。保険の説明をする際に、生年月日を入力して占える簡易占いをしてあげて興味を持ってもらうのです。つまり顧客へのサービスとして占いが使われているのです。

あなたが占いを学んでいるなら、顧客が占いに興味を持った場合、専門家として鑑定の解説をしてあげることができます。

顧客サービスとしてだけでなく、もちろん、営業の場合と同様に、あなたが営業するための参考に使うこともできます。

ほかにも、顧客に、誕生日入りの顧客カードを記入してもらえるような仕事なら、命占が使えます。美容院や、化粧品の顧客管理帳に、星座欄を作っておくのもいいでしょう。

西洋占星術には、金融占星術という分野があります。株の動きや経済状況を、星の動きで読み解くのです。

第6章でお話した通り、金儲けのために、占いを使うことはできません。占いが当たらなくなってしまいます。ですから、株の売り買いや賭け事、クジやギャンブルで、直接儲けることはできませんが、金融状況を分析することで仕事に生かせる可能性があります。

経理、金融証券関係、貿易関係などの仕事についている場合、先行き予測に役立ちます。

この分野はまだ歴史が浅いので、自分なりに過去の事例を分析してみるとよいでしょう。あなたの研究心が、占星術の新しい分野を作りだすことになるかもしれません。

美容、ファッション業界の仕事にも、占いは有効です。

美容師、メーキャップアーチストなら、人相を有効に利用できます。簡単にお客様を美しくするだけでなく、開運できる人相のポイントをおさえて仕上げるのです。メイクしてもらうとなぜか運気があがる不思議なメーキャップアーチストとして、評判になるかもしれません。

西洋人相は、頭骨の形も占いに使います。持って生まれた頭骨の欠点をカバーし、長所を引き出すようなヘアスタイルを作れたら、美容師として大きな売りになるでしょう。

ファッション業界なら、その年の流行カラーや傾向を予測するのに占いが利用できます。業界では半年、一年先のファッションを予測して動いています。

時代の傾向や流行をみるには、その年の命占で占います。西洋占星術のホロスコープや、東洋占いの年の干支と五行を解読することで、注目のカラー、ファッションの傾向、素材、流行する要素を占うことができます。

フード関係の仕事なら、東洋占いの薬膳につながる五行を使った占いを応用できます。あらゆる食べ物や香辛料が、五行で分類されています。互いに相生効果を持つ組み合わせもあれば、効果を打ち消し合う場合もあります。

九星気学を使って、季節や客層に会わせたメニューを作ることができます。

もちろん、中華料理以外にも、すべての料理に応用できます。

風水を使えば、店のコンセプトや内装も改善していくことができます。


接客業なら、手相を生かすことができます。

手相といっても、「手を見せてください」と言う必要はありません。

握手するだけでいいのです。

握手するときの手の出し方、握り方、手の形で、性格が分かります。ホステス、ホストなどの接客業では、顧客のタイプをしっかり把握しておくことが重要です。金銭的にルーズなお客にはツケをためさせないなどの、細やかな配慮が必要でしょう。

握手する機会があるなら、営業職でも、手相占いが使えます。

企業のトップも頼る占い師

ところで、一つ注意しなければならないことがあります。

仕事に占いを使っていることを、言っていい場合と言わない方がいい場合があります。

少なくとも、相手に「占って欲しい」と頼まれる前に、こちらから占い結果を言ってはいけません。

世の中には占いが嫌いな人がいます。あるいは、占いは怖いから聞きたくないという人もいます。

単に興味がないだけならまだいいのですが、勝手に占ったことでマイナスになる可能性があります。

顧客への対応方法を知るために、あなたが心の中で占う分にはかまいません。

占い結果を告げるのは、頼まれたときだけにしましょう。

もちろん、占い結果のいい悪いを告げるだけでなく、特によくない結果の場合、必ず対策や開運方法も伝えるようにしましょう。

占い師デビューする前で、修行中のときはちゃんとそう告げておきます。

占いは、どんな仕事にもオールマイティで使える便利な道具ですが、便利なだけに、取り扱いには細心の注意が必要です。

たまに、政治家が占い師に頼っているという週刊誌の記事を見かけることがあります。当然、「けしからん!」という怒りの内容です。

米大統領レーガンに、ナンシー夫人を通じて占い師が助言していたということで問題になったこともあります。鳩山前首相にも幸夫人が頼る占い師がいたと言われています。歴史をひもといても、ロシアの怪僧ラスプーチンやパリ宮廷のマダム・ルノルマンなど、政治に影響を与えたとされる占い師の多くが、迫害され糾弾されています。

実際には現代でも、政治家も、有名企業の社長も、おかかえ占い師がいることは決してめずらしくはありません。

企業のトップも、政治家も、生き馬の目を抜く業界で、人よりすこしでも先を読み、多大なストレスを抱えながら、日々、重要な決断をしなくてはなりません。そういう人ほど、人間の頭で論理的に考えつくことには限界があると知っているのです。

賢い占い師は、表に出ないで活躍しているのです。

占いへの誤解と偏見がなくなり、状況がよくなってきたとはいえ、まだまだ偏見はあります。

実際の仕事の場面では、臨機応変に状況に合わせて、占いを使っていきましょう。

信頼できる占い師を見つける

職業を持たず、主婦で子育てしている場合、家族の介護をしながら占いを学んでいる場合も、家族との関係改善に占いを利用することができます。

家族内の人間関係はいい意味でも悪い意味でも、濃厚になりがちです。占いという要素を通してみることで、一歩下がって冷静に見ることができます。

お姑さんとの関係、お子さんとの関係、夫との関係がうまくいかないとき、占いが役立ちます。

家族ですから誕生日が分かります。命占を使いましょう。

トラブルを解決するだけでなく、トラブルを未然に防ぎ、うまくやっていくコツを知ることができます。

お互いの関係性の中にある、不調和要素を知り、改善方法を知ることで、積極的に関係性を変えていくことができます。

そして、自分自身で占っても解決できない問題は、自分以外の占い師に占ってもらえばいいのです。

プロの占い師も、重大トラブルにみまわれたときは、自分では占いません。信頼できる友達か師匠に占ってもらいます。

命占ならともかく、カードなど偶然を使って占う卜占の場合、冷静で客観的な状態でないと、正確な結果が出ないのです。

頭から湯気を出して怒りながらトラブルの相手を占ったり、舞い上がってぽーっとなりながら恋愛相手のことを占ったりして、冷静に読めるはずもありません。

卜占は、それほどにデリケートなものなのです。

占い師の能力だけでなく、その時々の体調、気分、問題との距離と精神状態に大きく左右されるものなのです。

だから、占い師は、困ったときには友達の占い師に頼みます。

占い師になって本当によかったと思うのは、信頼できる占い師を見つけられたことです。

占い業界は、資格も試験もありません。占い師としての能力も千差万別、ピンからキリまでさまざまです。占ってもらう立場で、当たる占い師を見つけるのは、簡単なことではありません。

わたしも占いが好きですから、自分自身、いろいろな占い師に占ってもらいました。が、この人は本当にすごい！と思える占い師はめったにいません。

でも占いを学び、占い業界に身を置くことで、信頼できる占い師を見つけることができました。同年代の友達の占い師とは、情報交換かねてしょっちゅう会っているので、悩み事があるたびに占ってもらっています。占いの師匠には、人生の岐路に占ってもらって、心の支えになりました。

半年ほど前、師匠に、占いの仕事を続けていくためにどうすればいいか占ってもらったことがありました。出た結果は、学び続けること、そして自分に自信を持つこと、でした。

まさにわたしが抱える問題の焦点をピンポイントで突かれた思いがしました。ちょうど新しい占いを学び始めたところでした。そして同時に、いつまでも誰かに判断をゆだねるのではなく、自分自身で進む勇気と自信を持つことが必要だと思いながら進めないでいたのでした。

本書の企画が通ったのは、それからまもなくのことでした。

誰かの名前に頼るのではなく、自分の名前で自信を持って進まなくてはならない状況になったのです。

自分で占いを学ぶだけでなく、信頼できる占い師を見つけておくことは、あなたの人生を豊かにするのに役立ちます。

私はこうして占い師になりました！

ヘイズ中村

未だにどうしてなのか分かりませんが、幼い頃からひたすらマイナー路線を歩み続けて来たような気がします。子供の頃には特撮物の番組を見ても、ヒーローよりは敵役のマッド・サイエンティストに憧れる、といった調子でした。その上に一年のほとんどを病院で過ごすような虚弱な子供だったせいか、「普通」だとか「平均的」といった言葉で表現される世界とは正反対の「神秘世界」に、より惹かれるようになりました。

でも、霊感も不思議体験も全くなく、ここでもマイナーに不思議世界の仕組みを解明しよう！と意気込むありさま。世界中の神話や伝承、様々な修行体系などの書籍を片っ端から読み漁り、思い出すだけで恥ずかしいような、頭でっかちなティーンエイジャーへと成長してしまいました。

そしてその頃出会ったのがタロットカードです。今まで書籍でしか知らなかった神秘世界の片鱗が目の前にある！　その時の感動は忘れられません。そしてここでもまたマイナーに、タロット占いよりも背景にあるカバラや錬金術、西洋儀式魔術や魔女術といった穏秘学を追求することに夢中になりました。クラスメイトに頼まれて占いをするようにもなりましたが、自分としてはあくまでも

ヘイズ中村プロフィール
中学生時代より西洋穏秘伝統に惹かれ、複数の欧米魔術団体に参入、学習と修行の道に入る。現在は、とかく現実離れしがちでバランスを欠く魔術研究家に警鐘を鳴らし、生活に根ざしたクラフトを提唱中。また魔術書やタロット解説書などの翻訳経験も豊富であり、主な著作には、『コンプリート・ゴールデンドーン・システム・オブ・マジック』『やさしい魔女』『サバトの秘儀』（共に翻訳）などがある。

「魔術の実践」という気分で挑みました。表面的な現象を占うだけではなく、その原因を追及するための魔術を行っていく……。これは今でも変わりません。

そんなひねくれた不思議少女は、やがて魔術や魔女術にどっぷりとつかった大人になりました。現実世界では公務員として働いていましたが、子供の頃からの病気が再発して、二十代前半で辞職。外国に魔術を学びに行ったりしながらノンビリと療養しているうちに、なぜか知人から占いを頼まれるようになり、カフェで定期的に占ったりするようにもなりました。

そしてふと手にした雑誌で、占い師募集というオカルトショップの広告を見つけて応募。きっと落とされるだろうと思っていたのですが、運良く採用され、プロの占い師としての生活が始まりました。

その時からは、毎日が発見と勉強の繰り返しで、あっという間に二十数年が経過していました。経験を積めば積むほど、新たな学びに直面しては、自分に活を入れる日々です。子供の頃に追い求めた神秘世界は、どこか遙かな場所にあるのではなく、人々の心の中にあるのだな、と実感し続けています。

第9章　見えたものをそのまま言ってはダメ

占い師が見る映像は本当なの？

真実？　それとも幻覚？

第2章で、「霊感」とは誰でも持っている直観だというお話をしました。

なんとなく電話が来そうと思ったら電話が鳴ったり、そんなふうに直観が当たった体験なら、きっと誰にでもあるでしょう。

でも、幽霊が見えたり、前世が見えたり、これから出会う彼の顔が見えたり、普通の人が見えないものを見る霊能力は、誰でも持っている力……ではありませんね。

見る力ですから、霊感とは区別して、霊視と呼ぶことにしましょう。

わたしはオーラは見ますが、霊視はできません（オーラ視は、練習すれば誰にでもできるようになります）。

そこで、霊視に一番近いと思われる、水晶視についての話から始めることにしましょう。

水晶視は、スクライングという占いの手法です。

ある手順にしたがって（使い方によっては危険があるので、あえて手法はぼかしておきます）、水晶を見ると、そこにいろいろな映像が見えるのです。俗に言う水晶占い、つまり水晶を使った霊視と言っていいでしょう。

なかなかおもしろい体験です。

わたしも、初めて見えたときは感動しました。

そのスクライング勉強会には、わたしのほかに数人生徒がいました。実習のあと、それぞれ水晶に何が見えたか報告することになりました。知らない景色が見えた人もいたし、家族の姿を見た人もいました。わたしは、「ドラムを叩いている人が見えた」と告げました。

すると、隣にいた若い占い師の女性が、わっと声を上げました。

「わたし、ドラムやってるんです！」

とてもドラマーには見えない華奢な女性でした。水晶の中の人物の顔までは判別できなかったので、わたしが見たのが、その彼女だったのかはわかりません。

そんな風に、本人もびっくりするようなモノが見える場合もあります。

それからも練習を続け、どこか知らない室内や、数人が集まって会議をしている光景や、駐車した車や、動物の姿などを、水晶で見ることができるようになりました。見たいものが見えることもありますし、思いもよらないものが見える場合もあります。

占い手法の章でお話した通り、それらの映像は、水晶そのものが見せているわけではありません。

わたしの頭の中にあるイメージが、水晶という画面に投影されて見えているのです。

ちなみにわたしの場合、たいてい白黒の映像です。

集中するのに時間がかかるので、実占には使っていません。

実は、実占に使わないのには、もう一つ理由があります。

水晶の中に見えている映像が、本当に真実なのか、わたし自身、見分けることができないからです。

水晶占いの危険度

第2章でお話した、直観と妄想の区別が難しいというのと同じです。ただ、霊感＝直観と違って、目に見える霊視には、とてつもなく大きなインパクトがあります。

でも、どれほど鮮明に見えても、真実とは限らないのです。

そのことは、スクライング勉強会で講師をされていた先生も繰り返し強調されていました。実占に使う場合は複数の手段で、真実かどうか確認しなければなりません。たとえば、水晶の中にカレンダーや時計を探して、実際の日時と確認するとか。知っている人物なら、直接確認するとか。

繰り返しますが、水晶を見ている占い師本人にとっては、その映像が頭の中の作り物なのか、真実の光景なのか分からないのです。

たとえていえば、夢と似ています。

多くの人が、さまざまな夢を見ます。

彼と手をつないで歩いた夢を見たとします。

内心願っている願望が夢にあらわれたのかもしれません。昨日の実体験という場合もあるでしょう。

もしかして未来の光景を予知夢として見たのかもしれません。

真実は、願望や雑念や日常の記憶や、その他もろもろの虚構に混じっています。

真実の予知夢と、それ以外の雑夢、願望夢を区別するのはやはり簡単なことではありません。

予知夢は異様に鮮明だという研究者もいますが、水晶スクライングは、それ以上に鮮明です。真っ昼間、眠ってもいないのに映像が見えるのですから。

鮮明さは判別の基準にならないと思っているほうがよさそうです。

実際に、水晶スクライング勉強会の時、年配の女性が、「実の娘の見たくない姿」を見てしまっていました。

うろたえ、とまどう女性に、講師は「頭の中で作り出した映像でしょう」と声をかけていました。母親としての心配と不安が、ありもしない幻覚を作り出してしまったのでしょうか。女性が本心から納得したかどうかはわかりません。

水晶占いの危険はここにあります。

映像には、想像以上に大きなインパクトがあります。

夜見る夢のように、水晶の映像のほとんどが願望や雑念やとるにたらない想像の光景だとしても、今見ているこの光景だけは真実だと思いこんでしまわないともかぎりません。

それでも、娘の見たくない姿や、彼と手をつないでいる姿を見るくらいなら、それほどの実害はないかもしれません。

あとで確認すればわかることですから。

でももし。

水晶の中に、地震の惨劇が見えたらどうでしょうか？　テロに逃げまどう人々が見えたら？　迫真の大惨事の映像が見えたら？

もしかして未来の惨劇を予知した映像かもしれません。

でも、占い師の想像や恐怖が映し出されているだけなのかもしれません。昔見た映画やニュースの映像がフラッシュバックしたものという可能性もあります。

どちらなのか、占い師自身には分からないのです。

少なくとも、わたしの現在の占いレベルでは確実に判別できるという自信がありません。それが実占に使わない理由です。

霊視占い師が見る映像

「今占って得たこの結果は、真実かどうか分からない＝真実でない可能性もある」という感覚は、すべての占い師が持つべきだと思います。

だから、見えたモノをそのままダイレクトに相談者に伝えては駄目なのです。

水晶占いは、占い師の想像力と直観がもっともダイレクトな形＝リアルな映像で反映されるので、その分、危険度も高いのです。

「明日何がありますか？」

と占って、彼と手をつないでいる映像が見えるかもしれないし、地震の惨劇が見えるかもしれません。

同じイメージを使う占いでも、タロットカードなら、

「明日何がありますか？」

という質問で、倒壊と惨劇を表す塔のカードが出ても、それが地震の惨劇に結びつくことは、まずないでしょう。たとえば「知ったかぶりして恥をかくことになるかもしれません」と解釈します。

それが占いのフィルター効果です。

虚実入り交じった幻想の世界から、フィルターを通して真実だけを取り出すのです。

水晶も占いの道具ですからフィルターの一つです。水晶視の映像は、あくまで水晶に映るだけで、3Dで飛び出すことはありません。飛び出してはいけないのです。

実は、水晶スクライング講習の時、水晶から映像が飛び出してしまった人がいました。水晶に映し出された孫悟空の顔が、目の前の空間に飛び出して消えなくなってしまったと言うのです。帰ってくれないコックリさんのように。……こういう不測の事態が起こることがあるので、水晶スクライングは独学でするのは危険なのです。

ですから、水晶さえも使わない霊視を占いに使うのは、占い師本人にとっても、危険をともなうことなのです。

霊や未来が見える「霊視する占い師」にはインチキが多くいます。

けれど、本当に霊視できる人もいます。

その場合、「彼と手をつないで歩いている姿が見えます」と言ったら、霊視占い師は、事実その光景を目で見ているのです。

水晶の中に見える映像にだって大きなインパクトがあるというのに、現実に目の前に見える映像が、どれだけ強く強烈なものか、想像がつくと思います。

そして、その「彼と手をつないで歩いている姿」が真実なのか、占い師の想像なのか、どこかの映画で見た記憶なのか、見分ける方法はないのです。

幽霊の正体見たり……

霊視占い師が、「真実かどうかはわからない＝真実でない可能性もある」と自覚しているなら、悪影響はないでしょう。慎重に、言葉を選んで占い結果を伝えるはずだろうからです。

けれど、そうではない場合も少なくないようです。

「だって、本当に見えてるんだもん」

と言われれば、はいそうですかと引き下がるほかありません。

わたし個人的には、霊視であろうと、他の占いであろうと「真実でない可能性もある」という自覚を持てない占い師は占い師になるべきでないと思います。

個人的な話になりますが、昔、わたしの友人に霊視する占い師がいました。

人見知りで繊細な青年で、いろんなモノが小さい頃から見えたと言っていました。

「そこに小さい子がいる」

と何もない空間を指さしたりして、わたしは単純に、おもしろいなあ、すごいなあと思っていました。

彼に占ってもらったこともありますが、なんとなく当たっているような、微妙に違っているような曖昧な回答でした。

やがて彼は、占いの相談者に、キツネや小動物が憑いていると言うようになりました。

HP作成など一緒に仕事をしたこともありましたが、当たり前のことが当たり前にできないことが多く、仕事のパートナーにはなれないと判断し、距離を置くようになりました。

それからしばらくして、彼は、精神科の病院に入院してしまいました。詳しいことは知りませんが、ご家族は大変だったようです。

そして退院した彼は、今も霊感占い師をしています。

友人としてはすぐ辞めるように言うべきだとは思うのですが、複雑な事情もあり、まだ言えていません。

あまり知られていないことかもしれませんが、精神科の入院病棟には「見える人」がたくさんいます。いるはずのない人影や、天使や悪魔、神様仏様、龍や、異形のものたち……。ありとあらゆる幻覚が、リアルにクリアに見えているのです。

幻覚と霊視、そして水晶による霊視も、おそらく原理的には同じです。

普通、人が「何かを見ている」とき、「網膜」から入った光が「視神経」を通って脳の後頭部にある「視覚野」に届いて認識して、見えています。

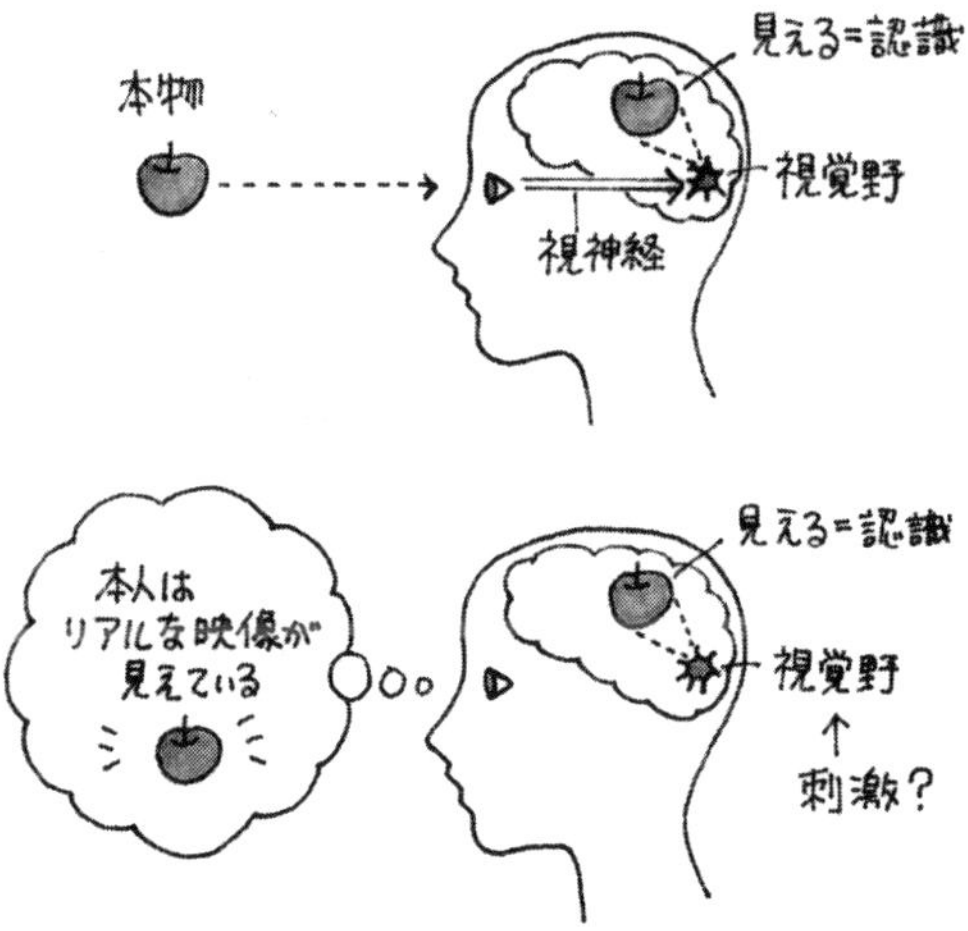

図2

幻覚や霊視には、インプットがありません。幻覚の場合は「脳内の異常興奮」が「視神経」を直接刺激しているのでしょう。霊視の場合もなんらかの刺激（超常的な感覚からのインプットかもしれません）が直接「視覚野」に作用していると思われます。

脳内で起きていることは、幻覚も霊視も同じです。

水晶視するときは「後頭部から映像が投射されている」イメージを繰り返し練習します。まさに、後頭部にある「視覚野」に直接働きかけているわけです。

幻覚も霊視も、映写機が本人の頭の中にあって、本人だけに見えるリアルな映像を見せていると言えるでしょう。

幽霊の正体見たり、枯れ尾花。ではなく、幽霊の正体見たり、脳科学。というわけです。

ただし、科学にも限界はあります。視覚野への超常的なインプットがあるのかないのか、あるとしたらいったい何なのかは、今の科学ではわかりません。

ちなみに、オーラが見える仕組みも同じです。

オーラという物質や光線が本当にあって、見えているわけではありません。

その人が持つ雰囲気やなんらかの特性が、脳内で「オーラ＝体を包む色」として見えているのです。単に見た目の雰囲気がそう見えるのかもしれないし、超常的なインプットがあるなら、外見からはわからない何かが色に見えるのかもしれません。

テレビの不思議議検証番組などで、同じ人物なのに見る人によってオーラが違うから、インチキだとされる場合があります。

でも、インチキでなくとも、同一人物のオーラが、ある人には緑に、また別の人にはブルーに見えることもありえます。寒色系はクール、暖色系は情熱的など、色の印象はだいたい共通ですが、多少は違う場合もあるからです。

ある神道には、神主になるためオーラを見る試験があるそうです。正しい色が見えたら神主として合格です。

この場合、神主として勉強していれば「正しい色」が見えて当然です。その神道の色の位階がちゃんと定められているのですから。紫が最高位の共通認識があれば、尊い人物は紫色のオーラを持っているように見えます。金色が最高位という共通認識なら、もちろん尊い人は金色のオーラをまとって見えるのです。

職業占い師が持つべき倫理観

幻覚と霊視の話に戻ります。

入院病棟の患者が見ている光景。霊視する人が何もない空間に見る光景。占い師が水晶の中に見る光景。どれも、普通の人が視力で見ることのできない何か不思議なものかもしれないし、未来か、過去の光景かもしれないし、まったく個人的な想像力の産物、あるいは単に脳の異常興奮が原因なのかもしれません。どの可能性もありえます。

先日発売になったアップル社のiPadのことを、「なんでも見える水晶球」と解説していた記事がありました。

インターネットにアクセスできて、なんでも見ることができる綺麗な画面を、占い師の水晶球にたとえるとは、なかなか言い得て妙だなと思いました。

インターネットの世界も、虚実入り混じった世界です。ニュースサイトの公式ニュースと、個人の妄想垂れ流しサイトが全く同じレベルに存在しています。

もし、現実と全く接点がなく、インターネットに接続した画面だけが、「真実」と思いこんでいる人がいたらどうなるでしょうか？

妄想サイトだけでなく、その人にとっては、怪獣映画やアニメも真実なのです。ＳＦやホラーやエンターテイメントもすべて真実になってしまうわけです。地球は何度も滅亡しているし、宇宙人は来ているし、世界的な陰謀は進行しています。

普通に生活していれば、テレビや新聞や、現実から受け取る情報と見くらべれば、真実か虚構か、判断することができます。でもそれだって実は、操作された情報です。政治や芸能界の情報が妙に偏っているように思うときがありますが、何も感じない人もいるでしょう。

真実と、虚構を見分けるのは、やっぱり簡単なことではないのです。

占いは、長い年月の間にさまざまな道具や象徴を使って、「幻覚」を排除するよう、発展してきました。少なくとも職業占い師にとって、占いの手順を経たものだけが、占い結果として伝えてよいものなのだと思います。

ところで、霊視と似ているようでまったく違うのが、宗教の神託です。

神主、ユタなどの霊能者は、霊感を得て、神からの言葉を伝える存在です。占い師ではありませんし、神主やユタが伝える言葉や映像は、本人の想像ではなく、神様から預かったものとされています。

宗教の信者が、ご神託を信じるのは当たり前のことです。

イタコや、霊をおろして占う系の占いは、広い意味で宗教の一種といっていいのではないでしょうか。

宗教なら、自分は絶対に「真実」だけを見ているのだと言い切ってもいいのです。

でも、現代の占い師は、教祖ではなく職業です。

だったら、職業占い師が持つべき倫理観があるはずです。

それが「真実でないかもしれない」という自覚です。

すべて真実、百％当てると言い切る占い師は、悪徳占い師です。

では、実際のところ、占いの当たる確率とはどのくらいなのでしょうか？

それについては、次の章でお話することにしましょう。

第10章　占い師のマル秘

占い師が全員知っていて、あえて言わないコト

占いの当たる確率

占いは外れることがあります。

百%当たる占いは、百%ありません。

そんなこと誰でも知ってて当たり前……と思うでしょうか？

でも、実はそうでもないようです。

占い師は、自分の占いがどのくらい当たるか（＝どのくらい外れるか）知っています。でも、それを相談者には言いません。

有名占い師であるほど、かなり相当ズバッと当たるようなイメージがあります。もちろん、百%当たると自分で言うとマズイので、具体的な当たる割合はなんとなくぼかされています。

実は当たる割合は六〜七割程度です。

まあそんなもんだろう、と思っていましたか？

それとも、ええ？それしか当たらないの？と驚いたでしょうか？

驚くのはまだ早いのです。

六～七割というのは、かなり能力の高い占い師の場合です。

占い業界全体なら、五割以下でしょう。「外れることがある」どころか、「ごくたまに当たることがある」と言ってもいいくらいです。

つまり「当たるも八卦、当たらぬも八卦」ということわざにもならない、五分五分以下というわけです。

占い師は、それを知っていて、あえて言いません。

当たらないヘボ占い師がいるのは隠せませんが、業界全体の数字まで明らかになってしまっては、売り上げに差し障りがあるからです。

でも、どこかにひとりくらい、すっごく当たる占い師がいるのではないでしょうか？

わたし自身、占い好き少女だったので、そんなふうにずっと思っていました。もちろん、ちっとも当たらない占い師がいるということは分かっていましたが、それでも、知らないどこかに、すごい占い師がきっといる……と信じていました。

すごい占い師は確かにいます。

すごい占い師で、当たる確率は八～九割でしょう。

確率だけで見れば、たいしたことはありませんね。結局占いなんてそんなものなのでしょうか？

実は、すごい占い師にはすごい理由があるのです。そのことについてはまた最後の第12章でお話しします。

少なくとも、どんなにすごい占い師でも百%当てることはできないわけです。

ですから、普通の占い師の占いは、「そこそこ」しか当たらないのです。(そこそことか、ぼちぼちって、とても便利な言葉です!)

占い師は、そういうものだと分かっているので、外れる可能性も考えて行動しています。

たとえば占い師が仕事で打ち合わせすることになったとします。打ち合わせについて事前に占ってみたら、どうも向こうの都合で中止になりそうだという結果が出たとします。

打ち合わせ当日、占い師は、ちゃんと用意をして、予定の時間に出かけます。

待ち合わせ場所についてから、「今日は中止」という連絡を受けるかもしれません。でも、約束した以上、待ち合わせ場所に行くのが社会人の常識です。

そしてもし本当に中止になれば、占い師はそれを自分の体験談として話すでしょう。

「占ったとおりぴったり当たった」と。

そして、中止にならなかったら、そのことは誰にも話しません。当たり前のことですが。

占いは芸術に似ている⁉

本当のところ、占いは簡単に何割当たるとか当たらないとか言えるようなものではないのです。この打ち合わせの例の場合も、中止になったけど食事だけすることになったとか、打ち合わせの内容が、仕事の中止という件だったとか、当たってはいないけど、微妙に外れてもいないというような場合が無数にありえるのです。だから、さっきから○割と言っているのは、あくまで、「感触」とお考えください。

微妙に外れていないというのも当たりに含めればもっと確率は上がるでしょう。

さらに細かい話をすると、近い未来ほど当たりやすく、遠い未来になるほど外れやすい、という時間の長さの問題もあります。

そもそも卜占では遠い未来は占えません。たとえば通常、タロットで未来を占えるのは半年先までです。それ以上先まで当てるのは難しいのです。これは占い師の力量には関係なく、占いの本質に関わる問題です。

相談者が占い師のアドバイスを聞いて行動した場合、その時点で未来が変わってしまうからです。

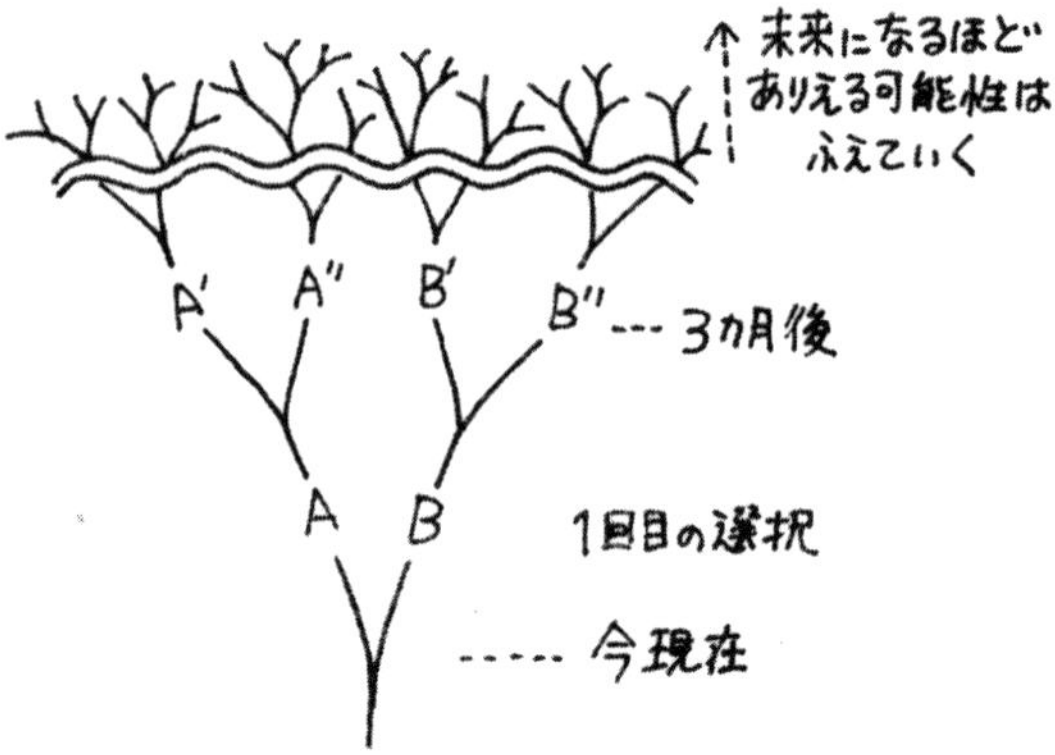

図3

さらに時間が経てば次の選択があり、そのまた次の選択が……というふうに未来は先になるほど、あり得る可能性が広がっていきます。

一カ月以内の未来と区切ればさらに精度は上がりますが、通常の卜占では数ヶ月先くらいまで、として鑑定します。

一方、一生トータルで占うことができる命占は、大きな運気の流れやリズムを知るための占いです。当然のことながら、何年、何十年も先に「具体的に何をしているか」は、遠い未来であるほど外れやすくなります。

ですから、「この占い師の当たる割合は○割」などと簡単に判定できないのです。

当たる割合が公表されないのは、そういう理由もあります。

でも、それだけでなく、「わざと隠している」部分があることも否定できません。

野球だったら三割当てたら名バッターです。お天気予報は、最近精度が上がりましたが、長期予報は外れることも少なくありません。でもどちらも、誰にでも結果が分かってしまうので隠しようがないですよね。

株や競馬の予想屋はどうでしょうか？　何割当てるというのが逆に売りになるという部分もあるのではないでしょうか。

投資で「絶対儲かる」と言ったら詐欺です。リスクとリターンを包み隠さず誠実に説明してくれる証券マンがいたら、信頼しようと思うのではないでしょうか。

でもリスクとリターンを説明する占い師なんていません。

占い師の場合、当たる割合を公表しないのは、なんとなく神秘的な謎にしておいたほうが、謎に惹きつけられて来る人が多いからなのでしょうか。

そこに、悪徳占い師がつけいる隙があります。

でも、だからといって、占いを、公正明大にきっちりクリアに評価しようとしても、無理でしょう。

なぜなら、占いは科学ではないからです。

占いを科学で解き明かそうとしている研究者がいます。歴史の長い占いなど、統計学と言われることもあります。

でも、わたし個人的には、占いは科学にはなりえないと思っています。

科学になるためには、再現性が必要です。つまり、科学的に正しいのならば、きっちり同じ条件で実験すれば、必ず再現できるはずなのです。

けれど、占いは、占い師の意識の状態、相談者の心理、偶然性……など多くの不確定要素が、奇跡的にその一瞬、結びついた結果です。

再現できるはずがありません。

たとえていうなら、芸術に似ているかもしれません。いくら同じ条件、同じ道具を用意しても、その瞬間にしか描けない絵があります。作れない歌があります。何百回とライブしている歌手にとって、すべてが同じ再現ではないのです。一回一回、会場と参加者と歌手が一体になって、二度とありえない奇跡の一瞬が作り出されているのです。

大きくものをいう占い師の知識と経験

占いも同様です。

どんなに厳密に測定しても、同じ占いを再現することは不可能です。

一生変わらない誕生日で占う命占や、手相占いであっても、本質的には同じです。

占いが一期一会、科学になれないものである以上、当たり外れを科学的に測定することはできません。

占いはあいまいで不確かなものです。

占い自体の不確かさに加えて、さらに解釈する占い師自身の、得意とする分野の広さ、狭さに影響される部分もあります。

たとえばある人の仕事運を占って「海外との縁」という結果が出たとします。

海外事情にうとい占い師だったら、

「海外で活躍できそう。アメリカとかヨーロッパとか行ってみたら？　ジョニー・デップみたいな人と一緒に仕事できるかもよ。英語ができない？　行けばなんとかなるでしょ」なんて無責任きわまりないアドバイスになってしまうかもしれません。

でも同じ占い結果でも、

「海外との縁があるわね。これからのビジネスは中国や東南アジアね。東南アジアの雑貨が好きで何回も行ってる？　それなら雑貨を取り扱う代理店とか、そういう方面で縁を生かせるんじゃない？」

と解釈することもできるわけです。

占いの当たり外れには、占い師自身の知識の広さ、得意分野が大きく関わってくることがおわかりでしょう。不倫や略奪愛を占うのが得意な占い師に、仕事運を占ってもらってもぴんと来ないのは仕方がありません。

だから占い師になる前、何をしてきたかという実際の経験が生きてくるのです。

それぞれに違った得意分野があるはずです。

占ってもらう場合、占い師の前職や経歴にも注目してみましょう。金融業界で活躍してきた経歴を持つ占い師に仕事運を占ってもらえば、現在の金融情勢をからめて解説してくれそうです。家庭の主婦として子供を育てあげた経験を持つ占い師なら、ＰＴＡの人間関係の悩み相談にも、具体的な回答ができるでしょう。

もちろん、占い能力と、社会での経験値はまったく別です。でも占いを解釈、解説するときに、占い師の知識と経験が大きく影響してくるのは事実です。

現実に役立たない、観念的な占い結果には、意味がありません。

占い師として、現実に役立つ占い結果をアドバイスするには、今現在の現実を知っておく必要があります。占い技術を磨くだけでなく、最低限のニュースや、芸能情報や、最近の流行ものなども、チェックしておきましょう。

占い師がかぶっているヴェールの正体

もちろん、それでも、占いが外れることはあります。

わたしの場合、占いするときにあえて、「外れるかもしれませんよ？」と念を押したりはしません。でも、本人の望む占い結果でなかった場合「外れるといいですね」と付け加えておきます。もちろん、期待通りの結果だった場合は、「当たるといいですね」と言っておきます。

望まない結果を避け、望む結果へ誘導するための、せめてものささやかな偽薬《プラシーボ》効果です。

このプラシーボ効果というのは、医学的にも認められているもので、意外と馬鹿にできない効果があります。

医学で新薬の効き目を試すとき、必ず、小麦粉で作った「ニセ薬」を用意します。このニセ薬を「期待の新薬ですよ」と言って投与すると必ずある程度「病気がよくなる」のです。だから、新薬を投与するグループと、ニセ薬を投与するグループに、差がでたときはじめて、新薬に効果があったと判断するのです。

人間の体というのは、それほどに心の状態に左右されるものなのです。

そして心というのは、それほどに期待によって左右されるものなのです。

おそらく、「この占い師はすっごく当たるらしい」とわくわく期待して占ってもらうのと、「どうせ当たらないさ」と冷めた状態で占ってもらうのとで間違いなく、結果に有意な差が出ることになるでしょう。

思想家の内田樹《たつる》氏の著書『ためらいの倫理学』（角川文庫）には「レヴィ＝ストロースによれば、ヤクート族の人々は歯痛のときにキツツキの嘴《くちばし》に触れると痛みがなくなると信じている。薬理学的な根拠のない治療法も、その治療法に対する集合的な合意があるところでは効果的な治癒効果を持つ」とあります。

みんなが○○先生は当たるって言ってる＝集合的な合意がある場合には、さらに占いは当たることになるでしょう。

単純に、占いの神秘のヴェールを、はがせばいいというわけでもないのです。

占い師自身も、それを意識して神秘のヴェールをかぶっています。
○○流直伝、秘伝の占いの唯一の継承者とか。英国占星学協会会員とか（英語で申しこんで会費を払えば誰でもなれるのです）。サイキックスピリチュアルヒーラー（いったいなんなんでしょう）とか、波動透視（もはや何をあらわしているかもわかりません）とか各種肩書きがそうです。

わたしも、この本を出すにあたって、何かすごそうな肩書きを作れないかなと思ったのですが、三十秒ほど考えてみて思いつかなかったのでやめました。

ある意味、占い師がかぶっているヴェールは、その占い師自身を形作っている要素なので、本体を見ようとヴェールをむいていったら、最後には何もなかった……ということになる可能性もありえます。

マスコミが作る占い師の虚像

占い師が「ニセ薬」でも、ある程度の効果はあるのです。

それが、悩ましいところです。

テレビや雑誌などのマスコミに登場する占い師は、さらに大胆に「作られて」います。

占い師特集のテレビ番組が時々放映されているのを、わたしも好きでよく見ますが、ついひきこまれて見てしまいます。占ってもらっているタレントが驚いたり感動したりするのと一緒になって、興奮してしまいます。

占いをエンターテイメントとして楽しむことを否定はしません。

そういうふうに作られているのですから、楽しめばいいのです。

作っている側は、「嘘じゃない」と言うでしょう。

そうでしょう。

作った映像＝嘘を使わなくても、本当をつなぎ合わせて「違うモノ」を作ることだってできるのです。

わたし自身、昔、ちょっとしたテレビエキストラのバイトをしていたことがありました。たかだかそんな経験でも、ほんの数分放映されるシーンを撮るために、どれだけ長時間カメラを回しているのかは分かります。それから、昔、雑誌インタビューの記事を書くバイトをしていたこともありました。ほんの小さな記事でも、一時間も二時間もインタビューして作るのです。（いろんなバイトの経験が、今、こうして役立っています……笑）

当たった場面を選び、当たらなかった場面をカットし、本当だけをつなぎ合わせて作られたものは、嘘でしょうか？　本当でしょうか？

少なくとも「占い番組」を見るときには、一歩引いて見ることができるような、余裕と遊び心が必要でしょう。……そして、占いをしてもらいたくなるような時というのは、まさにその正反対、「まったく余裕がなくなっている」という状態です。

わたし自身は、占い師が神秘のヴェールをかぶることには意味があるし、効果もあると思っています。人の心はそれほどに、肩書きや見た目や高まる期待に、大きく左右されてしまいやすいのです。けれど、だからこそ占い師の側に、幻想を悪用しない倫理観が必要なのだと思います。

悪用しようと思えばいくらでもできるのですから。

占いの当たる確率についても同様です。外れるかもしれないという自覚を持つことが、占い師の良心なのです。

もちろんそれは「決定的なことを言わずにあいまいな答でごまかせばいい」という意味ではありません。そういう戦略をとっている占い師もいます。なにやら意味深で抽象的な答でごまかせば、相談者にも当たっているのか外れているのか分からないので、つまりどう転んでも外れないというわけです。

わたしにも、外れるのが怖いからつい、どうとでもとれるような無難な答を言ってしまう時期がありました。占いを学び始めた人は誰でも通る道です。

プロ占い師は、外れた結果も、自分自身でしっかりと受け止めなければいけないのです。

百%当たる占い師は百%いないのですから。

絶対当たると言い切るのは、悪徳占い師です。

次の章では、悪徳占い師が使う禁断の手法について、具体的にご紹介していくことにしましょう。

第11章　職業占い師のタブー

悪徳占い師が使う禁断の手法

占い師の二つのタブー

悪徳占い師の話をするまえに、職業占い師のタブーについて、お話しておこうと思います。

趣味で占っているのならともかく、仕事としてお金をいただいて占っている場合、絶対にしてはいけないことがあります。

職業占い師の二つのタブー、それは「病気診断」と、「死期について占う」ことです。

悪徳占い師と違って、まったくの善意から占ったとしても、場合によっては訴えられることになる可能性もあります。

実は西洋系占いにも、東洋系占いにも、病気診断の占術があります。死期を占うこともできます。健康と生死は、昔から重要な問題でした。

学べば誰でも、病気診断占いや、死期を占うことができるようになります。もちろん、自分で自分のことを占うのはかまいません。

人の病気を診断してはいけない理由は明白です。法的に禁じられているからです。

「医師法第十七条――医師でなければ医業をなしてはならない」

医業＝医療行為をしていいのは、医師免許を持つ医師だけです。もちろん当然のことながら、診断も立派な医療行為です。

腰が痛い人を占って「筋肉痛ですね」と告げても、大した害はないように思われるかもしれません。でも、もしかしたら本当はその人は、内臓のガンかもしれません。占ってもらってたいしたことないと安心して病院へ行くのが遅れて、手遅れになったら……。とりかえしがつきません。

具合が悪いから占って欲しいという相談者には、「申し訳ありませんが、占い師は病気診断を禁じられていますので」と説明すれば、分かってくれます。

占いが発展してきた、長い年月の間、庶民が誰でも病院へ行くことができたわけではありませんでした。病院へいって医師の診断を受けることができなかった時代、占いや民間療法が重要な役割を果たしていたのは事実でしょう。

でも、あなたが現代日本で、合法的に占い師を仕事にしようとするなら、法は守らなくてはなりません。

健康運を占うのはもちろん大丈夫です。

生まれつきの体質や、病気を防ぐための、対策を占うことも可能です。

「腰を痛めやすいので、気をつけてくださいね」というふうに。

さらに、病気そのものを診断するのではなく、病院や医師との相性なら、占うことができます。セカンドオピニオンも普及してきましたが、患者と先生個人との相性というのは、実際、無視できない大きな要素です。いくつか候補の病院があって、どこがいいのか、占いで選ぶこともできます。

要は、医療行為でなければいいのです。

とはいえ現場では、それほどクリアに明確に判別できるわけではありません。

心を病む人が多い時代です。

占っていて、相談者が心を病んでいると感じることがあります。あるいは、精神科に通っているという方から相談を受ける場合もあります。

それぞれケースバイケースで対応することになるのですが、基本は、占い師の分を越えて出しゃばらないということが大事です。

病気は病院へ。

金銭問題は弁護士へ。刑事問題は裁判所へ。専門家に相談した方がいいと思えたら、すみやかにそう告げましょう。占い師にできることには限界があります。

なんでもできるのがよい占い師ではありません。

自分のできることとできないことを分かっているのが、よい占い師なのです。

そして、もう一つのタブー、死期を占うことですが、こちらは法に触れるわけではありません。

あなたはいつ死にます。と告げること自体が罪になるわけではありません。

けれど、第10章で繰り返し強調してお伝えした通り、占いは外れる可能性があります。

人の生き死には、人が直面する問題のなかでもっとも重要な問題でしょう。リストラされても離婚しても人生やり直しはできますが、死んでしまったら取り返しがつきません。

来月死ぬと言われた人が、悲観して明日自殺してしまうかもしれません。でも、その人は「占いが外れて死なない」ことになるかもしれなかったのです。

占いが外れるのはしかたがないことですが、占い結果を告げたことでその人が悲観して死んでしまったのなら、それは告げた占い師の責任です。

人の生き死にを宣告する、ということの重要性を考えてみて欲しいのです。

余命わずかな病人が、医師に死期を告げられることがあります。

それを悲観して自殺してしまう可能性もあります。

でも万一、医師が責任を問われても、このような病状では余命何カ月と診断するというデータがあるはずです。

占いでは、客観的なデータで納得させることはできません。

占いが百％当たるものでない以上、軽々しく人の生き死にを占うべきではないと、わたしは思います。

もちろん、占い師になったあなたが、自分で自分自身の死期を占ったり、家族の死期を占うことを止めるわけではありません。

個人的には、知らない方がいいんじゃないかなあと思います。

悪徳占い師の目的はお金

さていよいよ悪徳占い師が使う禁断の手法です。

一番効果的な手法はずばり、今さっきお話した通り「死期を告げて」脅すことです。

少なくとも占い師としての倫理観を持っているなら、簡単に死ぬなんて、言えないはずです。脅しの手段に使うのは、それほどに効果的だからです。

あなたはいつ死ぬとか、家族の誰がいつ死ぬとか言う占い師は、悪徳占い師の可能性があります。

悪徳占い師の究極の目的は、お金を使わせることです。

死なないためには、魔除けが必要とか、お祓いしたほうがいいとか、話がそういう方向に向かったら間違いなく悪徳占い師だと思っていいでしょう。

生死よりはインパクトは弱まりますが、相談者の不安を増し、脅すような内容の占い結果も、同様です。

占い師の中には、ソフトな癒し系も、逆にビシバシ叱ることを売りにしている占い師もいます。中には、脅すような口調になる場合もあるでしょう。

それが悪徳かどうかの判断は、やはり、お金に結びついているかで分かります。

トラブルが起きる、不幸になる、恐ろしいことが起こる、とさんざん脅しておいて、そうならないために……とお金のかかる解決方法を啓示してきたら、悪徳占い師です。

逆に欲望を刺激してくる場合もあるでしょう。

金銭問題で相談してきた人に、

「あなたなら絶対に大儲けできます。そのためにはこの開運のネックレスを……」

とお金を使わせようとしたりするのです。お金がなくて困っているのに、さらにお金を使わせようとするなんて、冷静になって考えればまったくおかしな話です。

さらに、その場で解決させずに、依存させる悪徳占い師もいます。

相談者の問題が解決して、占いを必要としなくなることが占い師の喜びです。けれど悪徳占い師は、わざと不安を増大させて、依存させるようにします。ひどく依存してしまうと毎週、毎日占ってもらわないと、不安でいられなくなってしまいます。

一般的に、どんな占いでも、すぐに続けて占うことはできません。恋占いして、次の日また占っても何も変わりません。状況が変わらなければ少なくとも一カ月は間を開けるべきでしょう。

それ以外にも、悪徳占い師は、「絶対に外れない占い」を効果的に利用します。

通常の占いなら、あとから当たったか当たらないか確認することができます。けれどなかには、どうやっても当たり外れが分からない占いがあります。あいまいな占いとは違います。しっかり断定しても、絶対に外れないのです。

前世や来世占いがそうです。あるいは亡くなった人が、あの世でどうしているかというような占いもです。

前世や来世、天国や地獄はあるかもしれないし、ないかもしれません。わたし自身は、こうだろうと思っている答があるのですが、いろいろな考え方の人がいるので、あえて言わないでおきます。

どちらにしろ、生きている間はどうやっても絶対に確かめることはできません。ということは、外れたと断定することもできないわけです。

前世占い自体が悪いわけではないのです。

たとえ「あなたの前世はクレオパトラだった」と占いで言われても、そのこと自体はいいのです。信じている人は真剣に受け取ればいいし、お遊びと思う人はお遊びで受け取ればいいことです。

でも確かめられないことをネタに脅すのが、悪徳占い師なのです。

「前世の因果で、恐ろしいことがおこる」とか「亡くなったお父さんがあの世で苦しんでいる」とか。言われたほうは、たまりません。

確かめられないことで脅すような占い師は、間違いなく悪徳占い師です。

悪徳占い師のやり口に、そんなものでひっかかるなんて、と思うかもしれません。ひっかかるほうが悪い……と。

誰だって心が健康で満たされているときは、こんな手口にひっかかりはしないのです。人が占って欲しいと思うときは、不安を抱えているとき、満たされていないとき、心が弱くなっているときです。

そんなとき、脅されたら……。

もし悪徳占い師に出会ってしまったら、ひとりで悩んでいないで、誰かに話しましょう。自分ひとりでかかえこむほど、悪徳占い師の言葉はじわじわと心をむしばんでいきます。話せる相手がいなければ日記に書くだけでもいいのです。

話したり、書いたりして、自分の外部に出すことで、悪徳占い師の「言葉の呪縛」を解くことができます。

悪徳占い師の目的は、お金をしぼりとることです。

ですから魔除けとかお祓いとか、占い以外のお金を、悪徳占い師に払わないことが大事です。

悪徳かもしれないけど、占いは当たってたという人もいるでしょう。

当然です。

占いが当たる当たらないはまた別なのです。

当たらない占い師は、悪徳というより、ただの下手な占い師です。あまりにも外れていれば「金返せ」と言いたくなるでしょうが、鑑定料金が常識の範囲内の金額であれば、仕方がありません。

悪徳占い師は、当たらない占い師ではありません。「この占い師は当たる！」と思わせてお金を使わせるのです。

悪徳占い師＝当たらない占い師とは限らない

悪徳占い師は、そのためにさまざまな手法を使います。

第10章でお話したプラシーボ効果も、悪い方向に使えば、恐ろしい暗示になってしまいます。占い師がかぶっている神秘のヴェールにしても同じことです。

占い師という職業自体が、あやしく不可思議なイメージを持っているのは、否定することができない事実です。だからといって神秘性をことさら強調する必要はありません。神秘的であやしいイメージを悪意を持って利用すれば、相談者を意のままにコントロールすることも可能でしょう。

相手の仕草や言葉で、心を読み取る、コールドリーディングという手法があります。占いではなく、心理学を応用したものです。上手に使えば、営業成績を伸ばしたり、人間関係を円滑にするのに役立ちます。

けれど、それも悪意を持って悪用すれば、相談者をだます目的にも使えるのです。

たとえば鑑定してもらいにやってきた相談者が口を開く前に、

「あなたのお母さんは、亡くなっていませんね？」といきなり告げます。

相談者が「どうしてそれを!?」と驚いたら、

「あなたの後ろにお母さんがいらっしゃっているのですよ」とでも言えば効果抜群です。

逆にけげんな顔をされたら、

「何度もあぶないところを、ご先祖様のお力で乗り越えてこられたのですよ」でいいわけです。

つまり、相談者の母親が「亡くなっていて、もういない」のか、「亡くなってなどいない」のか、どちらとも受け取れる表現をしているのです。

相談者のリアクションで次の言葉をつなげていけば、何も言ってないのにずばり当てられたと思わせることができるわけです。

このような詐欺師めいた手法もありますが、コールドリーディング自体が悪いわけではありません。緊張している相談者をリラックスさせ、心を開かせる手法など、まっとうな占い師にとっても、参考になる部分もあります。

結局は、誰がどういう目的で使うか？　ということが問題なのでしょう。

占いは、幸せになるための「手段」です。

手段そのものに、善悪があるわけではありません。

ナイフで料理をすることも、ナイフで誰かを刺すこともできます。選ぶのは人間です。

とにかく、悪徳占い師＝当たらない占い師とは限らないということだけは覚えておいてほしいと思います。

犯罪を繰り返す悪徳占い師

犯罪すれすれの悪徳占い師だけでなく、れっきとした犯罪を繰り返す占い師も残念ながら存在します。

今回、この本を書くために、悪徳占い師の情報を各方面から広く集めたのですが、なかには、信じられないような悪質なケースがありました。

占ってもらうとき、占い師の自宅に行く場合があります。自宅が事務所になっている場合も少なくないので、決してめずらしいことではありません。

でも男性占い師の自宅に、女性の相談者がひとりで行くときは注意が必要です。

看板を出して長く営業していて、受付の人もいて、というなら大丈夫です。でも、全く何もなく、普通のマンションだったりしたら、要注意です。

実際に、男性占い師の自宅に行き、乱暴されかけたというケースがありました。

これはれっきとした犯罪です。

心が弱っている相談者を食い物にする卑劣きわまりない行為です。

占いは、閉ざされた場所で一対一で、心を開いて見せるところからはじまります。

お互いの信頼関係がないとできないのです。

良心的な占い師の信頼を裏切るような、卑劣な犯罪者がいることが残念でなりません。

こうして実際の事例を公表することで、すこしでも犯罪がなくなればと心から願っています。


なかには「人間としてどうよ？」という占い師もいます。

昔、わたしの女友達が、男性占い師と付き合っていたことがありました。付き合ってまもなく、友達は妊娠しました。男性占い師は、一緒に病院へ行くでもなく、煮え切らない態度のまま、日にちが過ぎていきました。わたしが男性占い師を問い詰めると、「占いで流産すると出たから、放っておいていい」と答えたのです。

あきれて、開いた口がふさがりませんでした。結局、友達は流産してしまったのですが、占いが当たる当たらない以前に、彼の対応には大いに疑問を感じます。

占いではないのですが、ヒーリング関係で、こんなこともありました。

友達から、「ヒーリングにヌード写真が必要なの？」と相談を受けました。よく聞いてみると、あるヒーラーに、遠隔ヒーリングに必要だから、服を脱いで裸を写メで撮って送って欲しいと言われたというのです。

そんな遠隔ヒーリングは存在しません！

ヌード写真が必要な占いもありません。

オーラを見るのも、透視するのも、服を着たままで十分、問題ありません。

「オーラ占いするから服を脱いで」なんて言う占い師は、ただのチカンです。

またどんなによい占い師であっても、相談者が「この占い師とは合わない」と思う可能性はあります。

当たる占い師、良心的な占い師が、すべての相談者にとって「よい占い師」とは限りません。

占い師も人間です。個性もあれば、感情もあります。

ビシバシ叱る占い師を「怖い」と思う人もいれば、「親身になってくれて嬉しい」と感動する人もいるでしょう。逆にソフトな口調の占い師を「優しくていい」と思うか、「ものたりない」と思うか、それも人それぞれです。

よい占い師かそうでないかの、大きな部分が「相性」に左右されているのです。

誰かにとって最高の占い師が、あなたにも同じくそうとは限りません。

そういう意味では口コミも、同様です。

インターネットにいろいろな口コミサイトがあります。化粧品やお菓子の、リアルな口コミを見ることができる時代です。わたしも買い物の際は参考にしています。

占い師の評判が口コミされているサイトもあります。サイトによっては、「○○先生はすっごくいいです！」と嘘を書きこむサクラもいるので要注意です。

結局最後は、自分自身で確かめるしかないのでしょう。

悪徳占い師を見分ける方法

最後に、悪徳占い師を見分ける方法をまとめておきましょう。

まず、「百%当てる」という占い師は当然、悪徳占い師です。

次に、占いの技術に注目します。

第3章の占いの種類の項で書いたように、二十二枚しか使わないタロット占い師や、三重円を読めない西洋占星術師、流年を読めない四柱推命占い師は、悪徳以前の、素人占い師です。満足する結果を得られる可能性は低いでしょう。

それに比べて悪徳占い師は、当たらないとは限りません。むしろびしばし当ててくる場合がります。ですから最初は「すごい占い師」と区別がつきません。

それが「いつ死ぬ」とか「何の病気だ」とか言い出したら要注意です。占い師のタブーに触れています。

決定的なのは、占い鑑定料金以外の、さらにお金が必要な何かをすすめてきたときでしょう。

悪徳占い師は、あなたの弱みと迷いと不安をあおって、お金を使わせようとしているのです。対策は、心を強く持って断ることです。

悪徳占い師の誘いを断っても、あなたに不幸が訪れることは絶対にありません。

どうしても不安な場合は、古くからある神社や教会に行って、お祓いや祈祷をしてもらいましょう。

悪徳占い師が請求する金額より、ずっと安く良心的に対応してもらえるはずです。

ひとりひとりが悪意に負けない強さを持つことが、悪徳占い師の根絶につながります。

第12章　究極の占い師

魔法使いじゃないけれど

悩み相談やカウンセリングと違うところ

占い師は、特殊能力の使い手ではありません。

すべての過去未来が見えているわけでもないし、エネルギーの法則に反する技を使うこともできません。（エネルギーの法則に反する技を売り物にしていたら悪徳占い師です）

占いで知ることができるのは、ほんのわずかなことです。

スプーン曲げの超能力者がスプーンを曲げても、世界は何も変わらなかったように、占い師があなたに来週起きることを「バーゲンでよい品を手に入れるでしょう」と、ぴったり当てても、別に世界がどうにかなってしまうわけではありません。

占いに過剰な期待を持っていた人は、がっかりしてしまうかもしれませんね。

「なーんだ。つまんない」

占いにのめりこんでいた占い好きの女の子たちの多くが、そう思って占いから離れていきます。

占いが必要ない人には、それでいいと思います。

前の章でもお話した通り、占い師は、相談者の悩みがなくなって、占わなくてよくなることを願っているのです。

毎日、わくわくして楽しくて、希望に満ちていたら、未来を占ってみようなんて思わないでしょう。けれど実際には、多くの人が、悶々と悩み、眠れない夜を過ごし、誰にも相談できない苦しみを抱えて、閉ざされた未来に絶望しています。

占って、問題が改善されるわけではありません。事態はなにも変わらないでしょう。でも占いは、未来は閉ざされていないのだと教えてくれます。絶望から立ち上がるための一筋の希望の光になりえるのです。

占いが相談者を救うのではありません。相談者自身が自分の力で歩いて行くための、たよりなくも小さな道しるべが占いなのです。

ある医師が、医者が患者を救うのではなく、医者は、患者が治ろうとする力をサポートすることしかできない、と語っていたのが心に残っています。

占いの鑑定をしていて、その言葉を実感することが少なくありません、

相談される方は、迷って悩んでいるように見えて、実は、心は決まっている場合があります。

たとえば。A君が好きだけど、B君から付き合って欲しいと言われて迷っている場合。相性を見て欲しいと言いながら、自分でも気づかないうちに、実はA君への想いを貫くと決めていたりします。

無意識の領域では、もう答が決まっているのです。

そんなときは、誰かに背中を押して欲しいと思っているのです。もちろん、占いでの相性の結果もちゃんとお伝えしますが、本人も気づかなかった自分自身の本心に気づくことができるのは、占いの大きなメリットかもしれません。

相談者がとにかく混乱してしまっている場合もあります。何が問題なのかもわからず、ごちゃごちゃになってしまっているのです。そんなときは、占いをしながら、本人の本当の望みを探っていきます。たとえば問題は、A君でもB君でもなく、親との確執で、家を出たいというのが本当の望みだったという可能性もあります。数学と同じで、問いを立てることができれば、問題はほとんど解けたようなものです。

あるいは占いが、第三の可能性を提示してくる場合もあります。A君かB君か、二つの間で真剣に迷うほど、考え方が狭くなっていきます。でも、A君でもB君でもない第三の選択があるかもしれません。たとえば、もうすこしするとC君との出会いがあるという占い結果が出るかもしれません。二つしかなかった道が、三つに分かれたのです。論理的に考えたら、どうしたって思いつかない答です。

占いにはこういうふうに、論理的な問題の枠を、軽く飛び越えていく力があります。

それこそが、占いが、ただの悩み相談や、カウンセリングと違うところです。違う次元から回答が降ってくることがあるのです。

その場合も、占い師は、気づきへの手助けをするだけです。決断するのは本人です。

未来は決まっているのかいないのか、人に自由意志はあるのかないのか、占い師によって考え方の差はありますが、わたしは、最終的に決断するのは、本人だと思っています。

その決断も含めての宿命なのか、それはわかりません。

どちらにしろ、占い師が相談者の運命を変えたり、介入したり、誘導したりするわけではありません。

占い師はその場に立ち会うだけです。

わたし自身、二十年間占い鑑定をしてきて、何度も決定的な場面に立ち会ってきました。

決定的といっても、あやしい自己啓発セミナーのように、とめどなく流れる滂沱《ぼうだ》の涙や雷に打たれるような驚愕があるわけではありません。見逃してしまうほどささやかな一瞬です。

優れた占い師ができること

数年前、仕事関係の悩みで相談に来られたAさんは、どことなく暗い影を背負っているように見えました。状況を話し始めると次第に饒舌になり、仕事のことだけでなく、家庭のこと、親との関係、そして子供時代からのさまざまな出来事をそれこそ時間いっぱい、話してくれました。わたしは占いに基づいて二、三のアドバイスをしただけでしたが、鑑定が終わったとき、Aさんは憑きものが落ちたようなさっぱりと明るい顔をされていました。（実際、何かが落ちたのかもしれません……笑）

それから、トントン拍子に状況が改善したわけではありませんでした。Aさんは、何度も軌道修正しながら、試行錯誤し、それでも粘り強くチャレンジし続け、今では新しい事業も順調に進んでいます。

占いをしたときが多分、Aさんの転機だったのでしょう。

あとからやっと、そう気づくくらいの、ささやかさです。

占いがAさんの人生を変えたのではありません。けれど占い師として、Aさんの転機の瞬間に立ち会えたことが、わたしの喜びです。

占いは単に、悩みを解決するだけの道具ではありません。

ホロスコープや命式が示す人生は、あなたが通ってきた過去であり、これから歩いて行く未来でもあります。占いは、未来が見えなくなった相談者に、まだ実現されていない未来の可能性を見せてくれるのです。

ホロスコープや命式が、人生の青写真と言われる理由です。

そこから何を読み取るかが、占い師の腕の見せ所です。

優れた占い師は、示された才能と環境と未来に起こりえる可能性のなかから、あなたの可能性を最大限に生かすことができるよりよい「物語」を読み解きます。

占い師が、あなたの人生を、あなたの代わりに語ってみせるのです。

そして読み解かれた「あなたの人生」は、唯一無二のあなたの人生です。ホロスコープにも、命式にも、二つとて同じものはありません。

誰とも違う、世界にたった一つの、かけがえのない「自分」。その生きる意味について気づかせてくれるのが占いなのです。

——なぜ自分は生まれたのか?

究極の問いにも、占いは答を用意しています。

西洋系でも東洋系でも、命占を読み解くことで、その人独自の「人生の意味」が明らかになります。

過去であれ、未来であれ、ものごとの意味を理解したいと思うのは、人間の根源的な欲求なのでしょう。

そう、占いにはもう一つ重要な役割があります。

それは、理不尽な出来事に意味を与えることです。

この世には、意味不明、理解不能な出来事がたくさんあります。なぜ、あの人を好きになったのかわからない、という可愛らしいレベルから、人の生死にいたるまで、なぜ、どうしてそうなのか分からないことだらけです。

通り魔殺人に遭ってしまった人は、なぜその日、その時、その場所にいたのでしょう？　なぜ、罪もない人が殺されなければならないのでしょう?

理不尽で理解不能な、失恋も、別れも、リストラも、病気も、あらゆる「納得できないこと」が起きた理由が、占いで分かるのです。

人が生きていくためには、納得できないことを、飲みこんでいくほかありません。

納得できないことを、納得しないままそっくりそのまま受け入れることができる人が「悟っている」のだと思います。

悟っている人なんてめったにいませんから、誰もが納得できなくて苦しみます。占いは、苦しみを和らげる手助けをしてくれます。
そうです。人は「理解することで苦しみが楽になる」のです。

占いは幸せになるための手段

宗教学者のオットーは著書『聖なるもの』（岩波文庫）のなかで、マックス・アイトの小説から巨大な橋が完成した直後のシーンを取り上げています。

その橋は、徹底的に考え抜かれた設計、幾多の人々の献身的努力によって、果てしもない困難とてつもない障害にもめげずに、ようやく完成しました。そこへ大嵐がやってきて、巨大な橋も、建てた者たちもすべて、海の深みへ飲みこまれてしまったのでした。

善悪を超えて、まったく意味不明な、理解不能な、理不尽きわまりない力の前で、人はただひざまずき、頭を垂れることしかできませんでした。オットーは、この圧倒的な感覚を、宗教的に聖なるもの＝ヌミノーゼと名付けました。

本来、宗教や、哲学の役割だと思います。

宗教者や、哲学者から見たら、占いに頼るなんて、安易でお手軽で邪道なことなのでしょう。

神にすべてをゆだねたり、滝に打たれて修行したり、象牙の塔で勉学に励まなくても、誰もが占い師のもとを訪ねるだけで、「気づく」ことができるのですから。ただし宗教のように根源的なものではない、お手軽な気づきですが。

ヘッセの著書『硝子玉遊技』（三笠書房）には、異教の十二宮の学説を得意げに語る男が登場し、信仰深い主人公が眉をひそめる場面があります。けれど主人公の師は――あの男は映像イメージや比喩の中に、たいそう幸せに調和を保って生きているではないか、と諭すのです。異教の学説で支えられないほどに大きく深い苦しみにうちのめされたときに、初めて救いについての話をすればよい、と。

人生で味わうたいていの苦しみや悲しみには、占いが役に立ちます。

お手軽ながら、その効果は絶大です。

意味づけすることで、過去や未来の出来事を変容させてしまうこともできるのですから。

たとえば親から受けた意味不明で理不尽な仕打ちが、占いによって「自分が成長するためのステップ」だったと「意味づけ」られたとします。その瞬間、相談者の「理不尽に苦しい人生」が、「苦しみを糧に成長してきた人生」へと昇華するのです。

めったにないことですが、本当にすごい占い師に、ジャストタイミングで占ってもらうと、「未来が変化する」こともあります。

占いは生きていくのに役立つ道具であり、手段です。

宗教よりずっと手軽で、哲学よりずっと実用的です。

だからきっと、宗教のように税金を優遇されることもなく、哲学のように学問になることもないのでしょう。占いが宗教に代われるとは思いません。

悟りや理解にも、いろんな選択肢があっていいのではないでしょうか。

占いから、あやしく神秘的な要素を完全に取り去ることは不可能です。

でもできれば、できるだけ健全に楽しく、占いと付き合いたいものです。

占いと健全に付き合うことができているかどうか、どうやって判断すればいいのでしょうか?

「違う価値観があることを認められる」なら、大丈夫だと思います。

違う価値観は、占いの中にも、外にもあります。

同じ占術の中にもあります。たとえば西洋占星術の場合、占いは当てものではないと主張する心理占星術と、当ててナンボの伝統占星術は、お互い相入れない部分を持っています。

占いを深く学んでいて、ほかの占いに、なんとなく違和感を持つこともあるでしょう。天空の星を正確に観測して占う西洋占星術を学んでいて、人間が作った暦通りに干支がめぐる東洋占いが作り物のように思えたり、マヤ占星術やコーヒー占い、ジオマンシーなど、異なる文化と異なる思想のなかで発展してきた占いを、認めがたいと思ってしまうこともあるかもしれません。

そして、占いの外の世界では、科学を基準に判断する人たちと対立することもあるでしょう。

自分が信じる占いだけが絶対唯一の真実で、そのほかの占いや、科学などの違う世界観を、絶対に認められないと思ってしまったら……。

ちょっと頭を冷やした方がいいかもしれません。

世の中にはたくさんの異なる価値観があります。科学も、それぞれの占いも、それぞれの方法で、人が幸せになるための手段なのです。

幸せになる方法は、きっと人の数だけあるのです。

占いを人に押しつけない。占いに限らず人の価値観を否定しない。

そういう風に占いとつきあえたら、健全に楽しく、占いとつきあっているといえるのではないでしょうか。

それでも占い師になりたい

それでも今はいい時代です。

中世ヨーロッパの占い師のように迫害されることはありません。火あぶりにされることもありません。占い師にとって恵まれたよい時代です。

まして日本はおおらかでなんでもありな国民性です。世界のどこでもこれほどおおらかとは限りません。今でも、アメリカの熱心なクリスチャンが多い地域では、占い師に生卵が投げつけられたりすることがあるのだそうです。

現代日本の占い師は、確定申告したり、占いスキルアップ講習に通ったり、ＩＴ会社で携帯占いサイトの打ち合わせをしたり、占い会社の忘年会でくだを巻いたりしながらも、社会の一員として過ごしています。

形を変えていくとしても、占い師という仕事がなくなることはないでしょう。

占いをしてもらいたいと思う人がいなくなることもないでしょう。

エンターテイメントとしての占いも、話のネタにもなるし、単純に楽しいものです。

学問としての占いを、研究者としてストイックに追求している人もすばらしいと思います。気楽に占いとつきあうもよし、とことん極めるもよし。

わたし自身、幼い頃に占いに魅せられて、仕事にしてからもう二十年経ちますが、すこしも飽きないどころか、いまだに新しい発見があります。

入り口は広くて入りやすく、その奥は果てしないほど深みを持つ占い業界の魅力を、ほんのわずかでもお伝えすることができたなら、なによりの喜びです。

一緒に占いを楽しみましょう！

あとがき

最初の企画の段階では、「占い師ってこんなに簡単になれて、こんなに儲かるのね☆」行け行けドンドン（笑）なハウツー本になる予定でした。

そういう体裁をとりながら、できれば占いの現実をシビアにお伝えしたいと思っていました。昨今の占い業界のあまりの無節操ぶりには、正直マズイのでは……という危機感を感じていましたので。

けれど、打ち合わせを重ねていくなかで、行け行けドンドンじゃなくても、むしろ正直にありのままに、占い業界の現実を書くほうがいいのではないかという方向に変わっていきました。

結局、しごく真っ当で、現実的な本になりました。

有名占い師やカリスマ占い師ではない、無名の占い師が語る、脚色も誇張もない、本音の話です。書かれていることはすべて、実体験がもとになっています（創作部分含めて）。

東西の占い紹介部分では、諸先生方の本を参考にさせていただきました。心から感謝しております。間違いがありましたら、わたしの責任です。

興味を持たれましたらできるだけ多くの本を手に入れて学んで欲しいと思います。

占いとは？　霊能力とは？　についての考察部分に関しては、占い師全員がこう考えているわけではなく、わたし個人の見解であることをご了承ください。

占い師になりたい人、占い好きな人だけでなく、占いに対して否定的、懐疑的な人にも面白く読んでいただけたら、ＳＦ小説書きとして冥利に尽きるというものです。

そうなのです。実はわたしは占い師でありながらＳＦ小説や童話を書いています。

二年ほど前、渾身の一作が受賞作として出版できるかもしれないという時期に、新進気鋭の美人彫金師と知り合いました。浮かれたわたしは「受賞式用に」オーダーリングを注文しました（馬鹿ですね……笑）。ところが作品はボツになり、さらに、あろうことか、傷心の旅行先で、オーダーリングを紛失してしまったのです。

リングは、幻の小説とともに消えてしまいました。

ところがそれから二年経った今年の春、本書の執筆中に、なんとも不思議な経緯で（語ると長くなるので略）、世界に一つしかないオーダーリングがわたしの手に戻ってきました。

ルノルマン占いでは、「リング」のカードは物事の成就を表します。

次は創作をがんばりたいと思います。

ほかにも本書の執筆中には、探している本を偶然見つけたり、まさに欲しかった情報が入ってきたり、応援するチームが逆転大勝利したり、嬉しい偶然がたくさんありました。

嬉しい偶然に祝福され、たくさんの人に助けてもらって本書が出来ました。

コラムを書いてくださったのは、わたしが個人的にお世話になっている先生方です。鑑定の場とは違う素顔がのぞくコラムになりました。

本書に関わってくださった多くの方々に、心より感謝しています。

本書を手にとってくださったあなたにも、幸運が訪れますように！

二〇一〇年七月　高橋桐矢

占い師入門

二〇一〇年九月八日　初版第一刷発行
二〇一八年九月十三日　第三刷発行

著　者　高橋《たかはし》桐矢《きりや》

発行者　安在美佐緒
発行所　（有）雷鳥社
東京都杉並区上荻二‐四‐一二
TEL　〇三（五三〇三）九七六六
FAX　〇三（五三〇三）九五六七
振替　〇〇一一〇‐九‐九七〇八六
印刷製本　シナノ印刷株式会社

ISBN978-4-8441-3552-4 C0034